GCSE

French

Joe Jannetta

Philip Allan Updates
Market Place
Deddington
Oxfordshire
OX15 0SE

tel: 01869 338652
fax: 01869 337590
e-mail: sales@philipallan.co.uk
www.philipallan.co.uk

Cover illustration by Neil Fozzard

Printed by Raithby, Lawrence & Co Ltd, Leicester

Contents

Reading

Speaking

Role-plays

Presentations

General conversation

Introduction

What you will find in this book

- Where appropriate, assessment criteria for the tests in the skills of listening, reading, writing and speaking.
- Questions and tasks for all the skills tested in the GCSE exam.
- Answers to all the tests and tasks and/or specimen answers for the writing tasks.
- Examiner's comments (preceded by the icon **e**) on tests and answers.
- An indication of the level of the test or task.
- An indication of which topics and sub-topics (for AQA, Edexcel and OCR) are covered in each test/task.
- A section containing a number of coursework essays with assessment criteria and the examiner's comments on the essays.
- In the section on speaking, a series of questions and answers on each of the topics set for the conversation part of the speaking test.
- A section containing examples of rubrics (instructions to candidates) on the exam papers, with English translations.

Suggestions for using this book

Working through exam questions is a valuable part of any revision programme. It will help you to get to know the kinds of question you will have to answer in the exam and it will enable you to recognise your strengths and weaknesses so you will know what aspects you should concentrate on. This process will build your confidence and you will go into the exam room feeling considerably less nervous than you might have done. All this will lead to success.

Doing the tests

- Do them all. Some may look easy to you but you will find that they all contain challenges. Practice is always useful.
- Work through a test in exam conditions in the time allocated and without aids such as a dictionary.
- When you have finished, check your answers. Keep a record of your marks and of the date you did the test. You will then be able to compare your performance when you do the test again at a later date.
- Read the examiner's comments carefully. They give you a lot of useful information, including:
  - how to approach the test effectively
  - how best to use the time allocated
  - tips on how to work out the answers

– explanations of tricky structures

– how to work out the meaning of words that may be unfamiliar to you

The comments can be invaluable to you if you read them carefully and study them in conjunction with the questions and answers and the texts used.

The listening tests

To make sure these tests are authentic, get someone to record the transcripts for you. This should be a French-speaking person such as your French assistant.

- Avoid reading the transcript until you have completed the test in exam conditions, checked your answers and read the examiner's comments.
- Then you can read the transcript while listening to the recording. This is a very effective way of reinforcing your knowledge of vocabulary. It will help you to recognise groups of words when you hear them again.
- Don't forget to do the tests again at a later date. Comparing your performances will show you what progress you have made. This will give you confidence when you are getting close to the actual exam.

The writing tests

- The specimen answers to the writing tests are of course not definitive. Your own answers could differ in many ways and still be wholly acceptable.
- It is important to read and study the examiner's comments. They tell you in detail how fully the question has been answered and will help you to produce a good answer.

The coursework section

In this section you will find:
- a summary of the examination boards' instructions concerning coursework
- specimen coursework essays
- the examiner's comments on the specimen essays

You will of course choose your own coursework titles, but this section aims to help you in many ways. It will:
- stimulate your ideas
- show you how to construct various types of coursework, e.g. a letter, an article
- show you what to aim for in terms of content and language
- indicate, through the examiner's comments, some of the pitfalls

The reading tests

- Do the tests without aids such as a dictionary.
- Check your answers.

- Study the examiner's comments carefully.
- Note down new words and phrases with their meanings.

Much of your success in reading tests depends on a good knowledge of vocabulary and grammatical structures. In many of the examiner's comments on the questions and answers you will find brief but clear explanations of difficult sections.

The speaking tests

Get someone to go through the different kinds of test with you. In the case of the role-plays and the general conversation, the other person should ask the questions and listen to your answers. This person can also listen to your presentation. Ideally, this should be a French speaker, who will know what you are saying and can ask unrehearsed questions.

Use the role-plays, conversations and specimen presentations in the book. They cover all the topics prescribed by the examination boards. Add your own questions and answers. This will help you to gain confidence in the use of the language. Note that in some of the role-plays you can substitute your own answers. The more appropriate your answers are, the more you will be prepared for whatever comes up in the exam.

Listening

Requirements

The following extract from the requirements of one of the exam boards is a good summary of the requirements common to the foundation and higher tiers:

> Candidates will be expected to pick out specific details, to identify the main points of what they hear and to understand the point(s) of view of the speaker(s). The texts and questions will include reference to past, present and future events.

The requirements for higher-tier questions are as above, plus:

> Candidates will be expected to understand the gist of what they hear, to identify attitudes, opinions and feelings expressed or implied, and to draw conclusions. Candidates will also be able to work out the meanings of unfamiliar words using a variety of strategies, including those based on linguistic patterns (such as identifying an unfamiliar adverb on the basis of a familiar adjective).

Des jeunes parlent de leurs vacances

(Foundation and higher tiers)

Topics/sub-topics covered

AQA   Holiday time and travel (holiday activities)
Edexcel At home and abroad (holidays)
OCR   The international world (tourism and holidays)

Task

Ecoutez ces jeunes qui parlent des vacances. Puis complétez les phrases en français.

Exemple: Louise aime passer les vacances .... parce qu'elle aime ....
Louise aime passer les vacances **à la montagne** parce qu'elle aime **faire du ski**.

(a) Michel aime passer les vacances en .... et en .... parce qu'il
veut ....   (3 marks)

(b) Marie-Claire voudrait aller en .... parce qu'elle .... à la résidence secondaire de ses parents. (2 marks)

(c) Alain n'aime pas rester .... Il préfère faire du .... et du .... (3 marks)

Transcript

Louise: Je suis Louise. J'aime passer les vacances à la montagne parce que j'aime faire du ski.

Michel: Je suis Michel. J'étudie les langues — l'anglais et l'italien. J'adore passer les vacances en Angleterre ou en Italie. Comme ça je peux pratiquer mes langues. J'adore le mode de vie des Italiens.

Marie-Claire: Je suis Marie-Claire. Mes parents ont une résidence secondaire dans le Midi de la France. Nous y passons toujours les mois de juillet et d'août. Je commence à m'ennuyer d'aller toujours au même endroit et voudrais aller en Espagne.

Alain: Je suis Alain. Je n'aime pas passer de longues heures sur la plage. Je préfère des vacances actives. J'aime mieux faire du vélo et faire du camping.

Answers

(a) Angleterre (1); Italie (1); pratiquer ses langues (l'anglais et l'italien) (1)

(b) Espagne (1); s'ennuie (1)

(c) sur la plage (1); vélo (1); camping (1)

e Your main task here is to pick out simple details. Some points of view are expressed but the facts are easily identifiable. The main difficulty is that sometimes the word required for the answer is different from the word used in the text.

    (a) You will find that the names of the countries are easily identifiable. You should not find the answer to the second part of the question difficult, although 'veut' is used in the question while 'peux' is used in the text.

    (b) You will find the first part of this question straightforward. For the second part you have to pick out 'm'ennuyer' ('s'ennuyer' = 'to be bored') from a fairly long sentence.

    (c) For the first part of this question you need to understand the meaning of 'rester' ('to stay') in the question and that 'préférer' is a synonym of 'aimer mieux'.

Deux jeunes parlent de leur travail pendant les vacances

(Higher tier)

Topics/sub-topics covered

AQA Work and lifestyle (part-time jobs and work experience)
Edexcel Education, training and employment (work experience)
OCR The world of work (jobs and work experience)

Task

Some young people are talking about their holiday work. Listen to the text and then answer the questions in English.

Natasha

(a) Why was Natasha's experience useful to her?   (2)

(b) What did she feel before she started and for what reason?   (2)

(c) What made up for the fact that she was not well paid?   (2)

(d) How did she feel at the end and for what reason?   (2)

Serge

(a) How do you know that Serge's group was international?   (3)

(b) Why was he not paid?   (1)

(c) What was the main aim of the project?   (3)

Transcript

Natasha

J'ai fait un stage de six semaines dans un grand hôtel au Touquet. C'est mon ambition de gérer un hôtel. Donc l'expérience a été très utile.

Avant de commencer j'étais très inquiète parce que c'était mon premier vrai travail. J'ai dû faire une variété de tâches. J'ai travaillé comme serveuse, plongeuse et j'ai aidé

> à la réception. C'était dur mais intéressant. Je n'ai pas été bien payée mais j'ai été bien logée et bien nourrie. A la fin de mes six semaines j'étais bien contente. Mes collègues avaient été très gentils.
>
> **Serge**
>
> J'ai fait partie d'un groupe de jeunes personnes qui travaillaient sur un projet en Provence. Nous étions une vingtaine, tous volontaires. Notre groupe consistait de garçons et de filles de plusieurs pays européens. Nous avons fait des travaux de construction et de rénovation sur un site où se trouvait un village abandonné. Le vrai but de ce projet était de rencontrer des jeunes d'autres pays. Je me suis bien amusé et j'ai fait de très bons amis italiens, anglais et allemands.

Answers

Natasha

(a) Her ambition (1) is to manage a hotel (1).

(b) Worried (1); it was her first real job (1).

(c) Good lodging (1) and food (1).

(d) Happy (1); her colleagues had been nice to her (1).

Serge

(a) His group consisted of young people (1) from several (1) European countries (1).

(b) He was a volunteer (1).

(c) To get to know (1) young people (1) from other countries (1).

In this task you have to pick out the gist of what you hear and identify attitudes, opinions and feelings which, in some cases, are implied rather than expressed. Past tenses are used.

Natasha

(a) It is not actually stated in the text why the experience will be useful to Natasha, so to answer this question you will have to draw the right conclusion. The 'donc' ('therefore') at the beginning of the sentence should point you in the right direction.

(b) Here you are asked to explain Natasha's feelings. An understanding of the word 'inquiète' ('anxious/worried') is essential.

(c) It is not difficult to identify the answer to this question if you understand the meaning of 'logée' ('housed') and 'nourrie' ('fed') and you appreciate the effect of 'mais'.

(d) To answer this you again have to explain Natasha's feelings. The last sentence contains the reason: 'Mes collègues avaient été très gentils.' But note that it is not linked grammatically, e.g. by the use of 'parce que'. You have to make the link yourself.

Serge

(a) You have to listen to about half of the text to answer this question confidently. The answer is reinforced in the last sentence, when Serge mentions the nationalities of the friends he made.

(b) The word 'volontaires' provides the answer.

(c) If you understand 'le vrai but' ('the real aim') you should be able to answer this question confidently.

A l'office du tourisme

(Higher and foundation tiers)

Topics/sub-topics covered

AQA   Holiday time and travel (tourism, accommodation)
Edexcel At home and abroad (tourist accommodation)
OCR   The international world (tourist and holiday accommodation)

Task

Jean-Pierre est à l'office du tourisme. Ecoutez la conversation entre lui et l'employé puis dites si les phrases suivantes sont vraies ou fausses.

	Vrai	Faux
Exemple: Jean-Pierre veut deux chambres.	✔	
(a) L'hôtel Charles est près de l'office du tourisme.		
(b) Les chambres n'ont qu'une douche.		
(c) Le petit déjeuner est inclus dans le prix de la chambre.		
(d) On ne peut pas dîner à l'hôtel Charles.		

Jean-Pierre: Bonjour. Je voudrais quelques renseignements.

Employé: De quoi s'agit-il?

> **Jean-Pierre:** Je voudrais deux chambres pour deux personnes dans un hôtel près du centre. Qu'est-ce que vous recommandez?
>
> **Employé:** Alors il y a deux chambres avec douche et salle de bain dans l'hôtel Charles sur la place. Vous pouvez le voir d'ici.
>
> **Jean-Pierre:** A quel prix?
>
> **Employé:** C'est 40 euros la chambre pour une nuit.
>
> **Jean-Pierre:** On sert le petit déjeuner?
>
> **Employé:** Oui, mais il faut payer 10 euros en plus.
>
> **Jean-Pierre:** Il y a un restaurant?
>
> **Employé:** Non, mais il y en a un en face de l'autre côté de la place.
>
> **Jean-Pierre:** Alors pouvez-vous réserver les chambres, s'il vous plaît?

Answers

(a) Vrai   (b) Faux   (c) Faux   (d) Vrai

For the most part this task requires straightforward identification of the main points. You are also required to draw at least one conclusion from what is said.
  (a) If you have noted the location as given in the title — 'à l'office du tourisme' — this should not present a problem.
  (b) An understanding of 'ne...que' ('only') is needed.
  (c) You need to understand the exchange:
    – On sert le petit déjeuner?   (– Do you serve breakfast?)
    – Oui, mais il faut payer....   (– Yes, but you have to pay....)
  (d) A conclusion must be drawn here to arrive at the correct answer.

Frédéric, un jeune Français, parle de ses expériences en Angleterre

(Higher tier)

Topics/sub-topics covered

AQA   Holiday time and travel (holiday activities)
Edexcel At home and abroad (holidays)
OCR   The international world (tourism and holidays)

Task

Frédéric is talking about his experiences in England. Listen to the text, then answer the following questions in English. Full sentences are not required.

(a) What does Frédéric say about English food in general and what example does he mention? (3)

(b) What is his general impression of London and what problem does he mention? (3)

(c) Who did he see at Windsor Castle? (2)

(d) Describe his reaction. (1)

Transcript

L'année dernière je suis allé en Angleterre où j'ai passé une quinzaine de jours chez mon correspondant à Chatham. On a mangé des choses bizarres comme les frites au vinaigre. Au niveau de la nourriture je préfère de loin la France. J'ai trouvé les gens sympathiques et plus accueillants que les Français.

J'ai trouvé que Londres était une belle ville. Mais le problème c'est qu'il y a beaucoup de réparations. On trouve des échafaudages à tous les coins de la ville.

Une chose étonnante m'est arrivée. En allant à Windsor Castle avec mes camarades nous avons rencontré par hasard et par chance la reine et le duc d'Edimbourg.

Answers

(a) Strange (1); French food better (1); chips with vinegar (1)
(b) Beautiful city (1); many repairs being carried out (1); scaffolding everywhere (1)
(c) Queen (1); the Duke of Edinburgh (1)
(d) Astonished (1)

e You should be able to identify most of the answers without too much trouble but there are some points that are not so straightforward. Also, past tenses are used.

(a) The example should be easy to identify. Note that there are two other points.

(b) The general impression should be easy to identify. You need to understand 'réparations' ('repairs') and 'échafaudage' ('scaffolding'). Note that three points are required to gain the maximum marks.

(c) You should be able to work this out from the context.

(d) You have to draw a conclusion here from 'Une chose étonnante m'est arrivée' ('A surprising thing happened to me').

On parle du film français *Le fabuleux destin d'Amélie Poulain*

(Higher tier)

Topics/sub-topics covered

AQA   My world (interests, hobbies)
Edexcel Media, entertainment, youth culture (entertainment, media)
OCR   Personal and social life (free time, personal interests, entertainment)

Task

Ecoutez la conversation et choisissez la bonne réponse.

Exemple: Carole parle
    (i) d'une pièce de théâtre.
    (ii) d'une émission de télévision.
    (iii) d'un film.   ✔

(a) Amélie est
    (i) le metteur en scène.
    (ii) le personnage principal.
    (iii) la productrice.

(b) Comme travail Amélie
    (i) sert des clients.
    (ii) nettoie des maisons.
    (iii) fabrique des vêtements.

(c) Amélie
    (i) ne s'intéresse pas aux gens.
    (ii) se mêle de la vie des gens.
    (iii) ne s'intéresse qu'à elle-même.

(d) Amélie
    (i) mène la vie d'une jeune fille de son âge.
    (ii) n'aime pas les garçons.
    (iii) a un caractère spécial.

(e) Carole ne révèle pas la fin de l'histoire
  (i) parce que la fin est trop triste.
  (ii) parce qu'elle veut encourager Michel à voir *Le fabuleux destin d'Amélie Poulain*.
  (iii) parce qu'elle taquine Michel.

Transcript

Carole: As-tu vu le film *Le fabuleux destin d'Amélie Poulain*?

Michel: Non. C'est un bon film?

Carole: Oui, très bon.

Michel: De quoi s'agit-il?

Carole: Alors Amélie travaille comme serveuse dans un bar de Montmartre. Elle a 22 ans. Elle n'est pas une jeune fille comme les autres.

Michel: Comment, pas comme les autres?

Carole: Alors, elle ne sort pas avec les garçons. Elle vit une vie très tranquille. Son plus grand plaisir consiste à observer les gens. Elle essaie d'améliorer la vie des gens qui l'entourent.

Michel: Elle y réussit?

Carole: Pas toujours. Quelquefois les choses tournent mal.

Michel: Et sa propre vie? Elle est contente?

Carole: Pas tout à fait. Mais elle tombe amoureuse d'un jeune homme.

Michel: Et lui? Il tombe amoureux d'elle?

Carole: Je ne vais pas te le dire. Il faut que tu ailles voir le film, toi-même.

Answers

  (a) ii   **(b)** i   **(c)** ii   **(d)** iii   **(e)** ii

 Some of the questions are fairly easy and some are more difficult. It is important to read each of the options carefully before choosing the appropriate one. To make this choice you must have understood the text.

  (a) This should not present much of a problem. 'Amélie' is in the film title and all that Carole says concerns her.

(b) You should be able to rule out (ii) and (iii) if you have understood 'Amélie travaille comme serveuse dans un bar' ('Amélie works as a waitress in a bar').

(c) You will be able to answer this if you have understood the relevant parts of the text — 'Son plus grand plaisir consiste à observer les gens' ('Her greatest pleasure is to watch people') and 'Elle essaie d'améliorer la vie des gens qui l'entourent' ('She tries to improve the lives of the people around her') — and the sentence endings in the question. The most appropriate, (ii), means 'she takes part in the lives of other people'. This rules out the other two.

(d) The key phrase in the text is 'Elle n'est pas une jeune fille comme les autres' ('She is not like other young women').

(e) The sentence that should determine your choice is 'Il faut que tu ailles voir le film' ('You must go and see the film').

Entretien avec Cécile, patineuse de vitesse, concernant le tabagisme

(Higher tier)

Topics/sub-topics covered

AQA Work and lifestyle (healthy living)
Edexcel Social activities, fitness and health (health issues)
OCR Everyday activities (health and fitness)

Task

Listen to the interview with a speed-skating star, Cécile, and answer the following questions in English.

(a) What does Cécile say about her early experience of smoking? (3)

(b) What shows that Cécile is tolerant towards smokers? (3)

(c) For whom in particular is Cécile's advice intended? (3)

(d) According to Cécile, in which three areas can young people raise their standing in relation to their peers? (3)

(e) What does Cécile say about the effects of smoking? (2)

Transcript

Reporter: Alors vous ne fumez pas?

Cécile: Non, pas du tout.

Reporter: Avez-vous jamais fumé?

Cécile: J'ai tenté l'expérience quand j'avais 14 ou 15 ans. C'était juste pour voir. Je n'ai pas continué.

Reporter: Que pensez-vous de ceux qui fument autour de vous, par exemple au restaurant?

Cécile: Je préfère que les gens respectent les non-fumeurs. Mais je ne vais pas leur demander d'aller fumer ailleurs. Je suis assez tolérante.

Reporter: En tant qu'athlète célèbre vous avez une influence auprès de vos fans, surtout les jeunes. Que diriez-vous aux ados qui fument ou qui pourraient commencer à fumer?

Cécile: Je dirais aux jeunes que ce n'est pas cool de fumer. Souvent on fume pour être supérieur aux autres. Alors il faut savoir qu'il y a beaucoup de domaines — sports, arts, études — où on peut se valoriser. Il n'y a pas besoin de fumer. Il est certain que les effets du tabac sont mauvais pour la santé.

Reporter: Merci beaucoup.

Answers

(a) At 14 or 15 (1) she tried it (1) but did not carry on (1).

(b) She would not ask (1) smokers in a restaurant (1) to go and smoke somewhere else (1).

(c) Young people/adolescents (1) who smoke (1) or who might start smoking (1).

(d) Sport (1), arts (1) and studies/school work (1).

(e) It is bad (1) for one's health (1).

With this type of comprehension test, always look for the required number of items of information. The marks available for each question (in brackets) will indicate this.

(a) Note that 'j'ai tenté' = I tried/attempted.

(b) The interviewer suggests 'smoking in a restaurant' as an example. 'Somewhere else' is conveyed by the word 'ailleurs' ('elsewhere').

(c) Don't forget 'qui pourraient commencer à fumer', which gives the third part of the answer.

(d) 'Arts' would include different forms of artistic activity, e.g. painting, music, acting etc., and 'études' are your school or further education studies.

(e) 'Mauvais pour la santé' = bad for the health.

On parle de l'importance du sommeil

(Higher tier)

Topics/sub-topics covered

AQA Work and lifestyle (healthy living)
Edexcel Social activities, fitness and health (health issues)
OCR Everyday activities (health and fitness)

Task

Ecoutez ces conseils au sujet du sommeil puis complétez ces phrases.

(a) La position pour dormir préférée par le plus grand nombre de personnes est
  (i) sur le dos.
  (ii) sur le côté droit.
  (iii) sur le ventre.

(b) Au cours d'un sommeil normal
  (i) on change sa position.
  (ii) on se réveille.
  (iii) on rêve toutes les 15 ou 20 minutes.

(c) Les adolescents ont besoin de
  (i) plus de sommeil.
  (ii) moins de sommeil.
  (iii) la même quantité de sommeil que les petits enfants.

(d) Le sommeil peut
  (i) te sauvegarder contre les maladies.
  (ii) te rendre moins intelligent.
  (iii) t'aider à surmonter tes soucis financiers.

Transcript

Des conseils sur le sommeil

Question
Y a-t-il une meilleure position pour dormir?

Réponse

Cela dépend de l'individu. La plus populaire c'est sur le côté droit. La deuxième en popularité est sur le côté gauche. Ensuite viennent celle sur le dos, et en dernier celle sur le ventre. Mais tu ne gardes pas cette position longtemps. Au cours d'une période de sommeil normale, tu bouges environ toutes les 15 ou 20 minutes.

Question

Quel est le nombre d'heures de sommeil idéal?

Réponse

Cela varie de personne en personne. Mais ce qui est certain c'est que les adolescents ont besoin d'autant de sommeil que les jeunes enfants. Cela n'est pas surprenant. Ils mènent une vie si pleine.

Question

Quelle est au juste l'importance du sommeil?

Réponse

Le sommeil est biologiquement essentiel au même titre que manger et respirer. Il assure la vitalité et la vivacité d'esprit. Il augmente la résistance aux maladies, diminue le stress et donne de l'éclat au teint.

Answers

(a) ii   (b) i   (c) iii   (d) i

e It is important to read each question carefully. You will have to understand or work out the meaning of the key words. In most cases they are different from the equivalent words in the listening text.

(a) In the text you hear 'la plus populaire (position)…' ('the most popular'). In the question you read 'préférée'. When you have worked this out you should have no difficulty in arriving at the right choice of phrase to complete the sentence.

(b) Here you have to make the link between 'tu bouges' ('you move') in the listening text and 'on change sa position' ('one changes one's position') in the question. Note that there is also a different pronoun — 'tu' — used in the text.

(c) It is important to understand the phrase 'autant de sommeil' ('as much sleep') in the text. This corresponds to 'la même quantité' ('the same amount') in the question.

(d) The key section in the text is 'Il (sommeil) augmente la résistance aux maladies' ('It increases resistance to illnesses').

Histoires de camping (I)

(Higher tier)

Topics/sub-topics covered

AQA   Holiday time and travel (tourism, holiday activities)
Edexcel Social activities, fitness and health (sports, exercise)
OCR   Personal and social life (free time)

Task

Vous allez entendre une histoire de camping. Lisez les affirmations (a)–(g). Dans chaque affirmation il y a un détail qui ne correspond pas à l'histoire.

Ecoutez l'histoire. Pour chaque affirmation écrivez le détail qui correspond à l'histoire.

Exemple: Le narrateur faisait du camping seul.
Il faisait du camping avec son ami.

(a) On faisait du camping près d'un lac.

(b) On dormait sous la tente.

(c) On ne s'était pas baigné.

(d) Des enfants ont crié.

(e) Les personnes qui criaient voulaient savoir quelle heure il était.

(f) Il était interdit d'y camper.

(g) Les amis étaient heureux d'entendre les cris.

Transcript

Je faisais du camping avec mon ami, Jean-Pierre. Mais on avait oublié la tente et on devait dormir en plein air. Le soir on était allé se baigner dans la mer. Puisqu'on n'avait pas de maillot de bain on y était allés nus. On s'amusait jusqu'au moment où quelques hommes ont crié:

'Hé, qu'est-ce que vous faites ici? C'est une plage privée.'

Très choqués, nous sommes partis. C'était la police. On avait fait trop de bruit.

Answers

    (a) On faisait du camping au bord de la mer.

    (b) On dormait en plein air.

    (c) On s'était baigné.

    (d) Des hommes ont crié.

    (e) Ils voulaient savoir ce que nous faisions.

    (f) Il était interdit de s'y baigner.

    (g) Ils étaient choqués.

    (a) The clue to the answer is found in 'on était allé se baigner dans la mer' ('we had gone to swim in the sea') and 'C'est une plage privée' ('It's a private beach').

    (b) They had forgotten the tent ('on avait oublié la tente').

    (c) This is the opposite of what happened.

    (d) This should present no problem.

    (e) The French in the question means '(they) wanted to know what time it was'. In the text you hear 'qu'est-ce que vous faites ici?' ('what are you doing here?').

    (f) The policemen say 'c'est une plage privée' which suggests that bathing was not permitted.

    (g) They were not happy. You hear 'Très choqués, nous sommes partis'.

Histoires de camping (II)

(Higher tier)

Topics/sub-topics covered

    AQA   The young person in society (environment)

                 Holiday time and travel (holiday activities)

    Edexcel Social activities, fitness and health (free time, hobbies, interests)

    OCR   The world around us (environment)

Task

Ecoutez cette histoire de camping et pour chaque question choisissez *un* des mots dans cette liste:

gare   détendre

dépêcher	ville
nature	pas
aller	pollution
manger	peut
cabane	veut
camping	s'installer

Exemple: Il est évident que le narrateur aime faire du ....(**camping**)

(a) Selon le narrateur:

(i) Quand on fait du camping on est proche de la ....

(ii) On peut se ....

(iii) On peut oublier les dangers de la ....

(iv) Le nomadisme consiste à .... où on ....

(b) Il est probable que le narrateur habite une ....

(c) Le narrateur croit que les vacances donnent la possibilité de ne .... faire.

Transcript

Pour moi le camping cela veut dire surtout être dans la nature. Plus de stress et finies les alarmes à la pollution. C'est agréable d'aller s'installer où on veut. Le camping nous offre la possibilité de redécouvrir le nomadisme. Au temps des vacances j'aime quitter la ville. Profitons-en pour ne rien faire. Et vivent les vacances dans la nature!

Answers

(a) (i) nature (ii) détendre (iii) pollution (iv) s'installer, veut
(b) ville
(c) rien

e **(a)** (i) This question is straightforward as long as you know that 'proche' = 'close/near'.

(ii) 'Se détendre' means 'to relax', which will be possible where there is no stress ('plus de stress').

(iii) The key word is 'alarmes', i.e. a sign that there is danger present.

(iv) 'S'installer' = 'to settle'.

(b) The relevant part of the text is 'Au temps des vacances j'aime quitter la ville' ('When the holidays come round I like to leave the city').

(c) The relevant sentence is 'Profitons-en pour ne rien faire' ('Let's take the opportunity to do nothing').

Histoires de camping (III)

(Foundation and higher tiers)

Topics/sub-topics covered

AQA   My world (self, family, friends)
Holiday time and travel (holiday activities)
Edexcel At home and abroad (holidays)
Social activities, fitness and health (ailments, health issues)
OCR   Everyday activities (health and fitness)

Task

Listen to the person talking about her camping experiences and answer the questions in English.

(a) Who introduced her to camping and when? (2)

(b) What did she see in her cereal? (3)

(c) What did she suffer from if she slept in the tent? (1)

(d) How did she avoid this? (1)

(e) Describe what happened to her then. (2)

(f) What was the consequence of this experience? (2)

Transcript

Mes parents m'ont emmenée faire du camping quand j'étais très petite. Le premier matin j'ai remarqué des objets noirs dans mon bol de céréales. C'étaient des fourmis et d'autres insectes. Le soir mes parents ne cessaient de se disputer. Finalement j'ai fait des crises d'asthme si je dormais sous la tente. Alors j'ai dormi dans la voiture. Là j'ai été piquée par des moustiques. Depuis je ne fais plus de camping.

Answers

(a) Parents (1) when she was small (1)

(b) Black objects (1) which were ants (1) and other insects (1)

(c) Asthma (attacks) (1)

(d) Slept in car (1)

(e) Stung (1) by mosquitos (1)

(f) Has not gone camping (1) since (1)

(a) You hear 'Mes parents m'ont emmenée…' ('My parents took me…').

(b) Note that you will obtain the third mark if you know that 'fourmis' (fem.) = 'ants'.

(c) Listen carefully to 'asthme'. You should be able to link it to the English word through its sound.

(d) It is important to understand the past participle of 'dormir' ('to sleep'), i.e. 'dormi'.

(e) The key words are 'piquée', from the infinitive 'piquer' ('to sting'), and 'moustiques' (fem.) ('mosquitoes').

(f) You need to understand 'depuis' ('since') and 'je ne fais plus…' ('I no longer (do)…').

Writing

Assessment

In order to be awarded grade C or above, candidates must demonstrate the ability to refer to past, present and future events and to express personal opinions.

Below are the assessment criteria for the two top bands in each of the three categories: communication, range and complexity, and accuracy.

Communication
Band 2
Communicates quite a lot of relevant information including personal opinions; regularly goes beyond a basic response to give more detailed information relating to descriptions and accounts.

Band 1
Communicates a lot of relevant information; candidate can narrate events, give full descriptions and express and justify ideas and points of view.

Range and complexity
Band 2
There is a wider range of vocabulary and structures, which communicate descriptions and opinions with some precision. Longer sentences, including the use of subordinate clauses, are used more regularly and with increasing success.

Band 1
A wide range of vocabulary and structures appropriate to the topic is effectively used. Longer and more complex sentences are handled with confidence, producing a fluent piece of coherent language.

Accuracy
Band 2
Inaccuracies are mainly of a minor nature, although some major errors may occur when complex structures are attempted. Verb forms and tense formations are usually correct.

Band 1
There are hardly any major and few minor errors, even in more complex structures. The overall impression is of accuracy, and verb forms and tense formation are secure.

Description d'un séjour à Nice chez un(e) correspondant(e)

(Foundation and higher tiers)

Topics/sub-topics covered

AQA Holiday time and travel (tourism, accommodation)
Edexcel At home and abroad (holidays)
OCR The international world (tourism and holidays)

Task

Ecrivez 100–120 mots en français.

Vous avez passé une quinzaine de jours chez votre correspondant(e) à Nice. Donnez les détails suivants:

- le voyage (à quelle date? quel moyen de transport?)
- le logement de votre correspondant(e) (quel type de logement?)
- ce que vous avez fait (activités? excursions?)

Specimen answer

En juillet de l'année dernière j'ai passé une quinzaine de jours chez ma correspondante Annette, à Nice.

J'y suis allée en avion. Le vol a duré environ 2 heures.

L'appartement des parents d'Annette se trouve sur une colline à un kilomètre du centre de Nice. Il est moderne et assez grand. Il y a quatre chambres. De ma chambre je pouvais voir la ville et la mer.

Il faisait très chaud. Presque chaque jour nous nous baignions dans la mer. Nous avons aussi fait des excursions. Nous avons visité Cannes, Antibes et Monaco. Un jour nous sommes allées en Italie.

Je me suis bien amusée et maintenant j'attends la visite d'Annette chez nous à Noël.

℮ Communication

The candidate has communicated quite a lot of relevant information and has included one personal opinion. The response to the task is adequate.

Range and complexity

The candidate has generally used simple sentences. The vocabulary is restricted. The past tenses are correct and well used.

Accuracy

The language is correct. Verb forms and tense formations are secure.

Reportage d'un stage en France

(Higher tier)

Topics/sub-topics covered

AQA Work and lifestyle (part-time jobs and work experience)
Edexcel Education, training and employment (work experience)
OCR The world of work (jobs and work experience)

Task

Ecrivez 180–200 mots en français.

Vous avez fait un stage en France dans un hôtel au bord de la mer. Ecrivez un reportage en français.

- Donnez des détails de vos collègues, et de ce que vous avez fait comme travail.
- Donnez vos impressions, qu'elles soient bonnes ou mauvaises et les raisons.
- Expliquez ce que vous comptez faire à l'avenir.

Specimen answer

En été de l'année dernière j'ai eu la bonne chance de faire un stage dans un hôtel au Touquet.

C'était un très bon hôtel qui se trouvait au bord de la mer. Les clients, pour la plupart des vacanciers, venaient de partout en Europe.

Heureusement je peux dire que quelques-uns de mes collègues étaient, comme moi, stagiaires. D'autres faisaient des jobs d'été. De toute façon il y avait plusieurs jeunes de mon âge.

Comme j'apprenais le métier je devais faire une grande variété de tâches. Je travaillais dans la cuisine à faire la plonge et à aider le chef de cuisine. Quelquefois je servais à table ou j'aidais le réceptionniste. De toutes les tâches que je faisais, celle que je préférais était de travailler à la réception car j'avais l'occasion de parler aux clients et de pratiquer mes langues — le français, l'allemand et l'italien.

En général mes impressions étaient favorables. L'hôtel était bien géré. Je n'ai pas toujours aimé le travail, surtout le travail de plongeur.

Ma grande ambition est de gérer un grand hôtel ou en Angleterre ou en France et mes expériences au Touquet ne m'ont pas dissuadé(e).

℮ Communication

The candidate has communicated fully and clearly all the information required. This is a lively, fluent, idiomatic and interesting account of work experience.

Range and complexity

A wide range of appropriate vocabulary and structures is used. The candidate has consciously displayed his/her knowledge of structures but the overall effect is not stilted. Longer and more complex sentences are handled with confidence.

Some examples of complex structures used are as follows:
Quelques-uns...d'autres... (Some...others...)
Je travaillais...à faire... (I worked...doing...)
Celle que je préférais était de... (The one I preferred was...)

Accuracy
The work is accurate and verb forms and tense formation are secure.

Description de vacances

(Higher and foundation tiers)

Topics/sub-topics covered

AQA Holiday time and travel (tourism, accommodation, holiday activities)
My world (self, family, friends)
Edexcel At home and abroad (holidays, accommodation)
OCR Personal and social life (family)
The international world (tourism and holidays, tourist and holiday accommodation)

Task

Raconte des vacances que tu as passées. Donne les détails suivants:

- où tu es allé(e) et quand
- avec qui tu es parti(e) et tes opinions sur des vacances avec ces personnes
- une description de ton logement et ton opinion sur ce logement
- les activités que tu as faites pendant la journée
- les activités que tu as faites le soir

Specimen answer

L'été dernier je suis allée au Portugal pour huit jours du lundi 15 juillet au mardi 23 juillet. Le Portugal est en Europe où il y a de belles plages. Je suis allée avec ma famille — ma mère, mon père, mon frère et ma soeur. A mon avis nous avons passé un séjour agréable parce que nous nous sommes tous bien entendus. Nous restions dans un appartement. C'était confortable et propre. Je le trouvais agréable mais ennuyeux parce qu'il n'y avait rien à faire. Pendant la journée je me bronzais sur la plage et je faisais les magasins qui étaient à 100 mètres de la plage. Pendant le soir on allait à une boîte de nuit qui était, à mon avis, moderne et animée.

e *Communication*

The candidate has carried out all of the instructions in the rubric. The candidate can express and justify points of view.

Range and complexity

A fairly wide range of vocabulary and structures appropriate to the subject is used. There are some longer sentences including subordinate clauses. These are used confidently and with success, e.g. 'Je le trouvais…parce qu'il n'y avait rien à faire'; 'Pendant le soir…qui était, à mon avis, moderne et animée'.

This is a fluent piece of language.

Accuracy

The candidate's work is accurate. A range of tenses is used with confidence and there are clear indications that the candidate has a good grasp of grammar.

Lettre à un(e) correspondant(e) concernant une invitation à passer les vacances à une station de ski

(Higher tier)

Topics/sub-topics covered

AQA   Holiday time and travel (accommodation, holiday activities)
Edexcel At home and abroad (holidays and accommodation)
          Social activities, fitness and health (sports and exercise)
OCR   Personal and social life (free time, sports)

Task

Ton/ta correspondant(e) t'a invité(e) à passer les vacances de Noël avec sa famille à une station de ski dans les Alpes. Ecris une lettre dans laquelle tu dois:

- dire comment tu passes habituellement les vacances de Noël
- donner tes opinions concernant le ski
- te renseigner sur la région
- demander si tu auras ta propre chambre
- demander ce qui est compris dans le prix
- te renseigner sur l'équipement de ski et sur les vêtements

Specimen answer

Cher/Chère...

Merci de ton invitation. Pendant les vacances de Noël ma famille et moi restons à la maison, ce qui est quelquefois ennuyeux parce que c'est toujours pareil chaque année. L'invitation est intéressante parce que ce sera différent et une occasion d'essayer quelque chose de peu commun. Je n'ai pas fait de ski parce que ma mère déteste faire du ski. A mon avis le ski est amusant parce que les gens tombent toujours. Je le trouve un mystère parce que je n'ai jamais fait de ski. Comment est la région? Est-ce qu'elle est isolée? Est-ce qu'il y a des magasins près du logement? Nous partagerons une chambre? Est-ce qu'il y a un café près du logement? La nourriture est-elle comprise dans le prix? Est-ce que j'ai besoin d'apporter de l'équipement ou est-ce qu'on peut

louer l'équipement? J'aurai besoin de quels types de vêtements? J'aurai besoin de plusieurs pulls et de pantalons?

Amitiés

℮ Communication

The candidate has covered all of the points effectively but some have been covered more fully than others. Opinions have been expressed, especially with regard to skiing: 'A mon avis le ski...tombent toujours.'

Range and complexity

Tense usage is good. The candidate is very confident in the use of the future, which is necessary in this piece. In addition, questions are used successfully and effectively. Formation of questions is often a stumbling-block for candidates of all levels of ability. Note that the candidate has used three kinds of question:

- 'Est-ce que' + the sentence, e.g. 'Est-ce que j'ai besoin d'apporter de l'équipement?'
- Placing a question mark at the end of a statement, e.g. 'J'aurai besoin de plusieurs pulls et de pantalons?'
- Inversion of subject and verb, e.g. 'La nourriture est-elle comprise dans le prix?'

Accuracy

The use of verbs and tenses is good and overall the piece is accurate.

Rapport de vacances non réussies

(Higher tier)

Topics/sub-topics covered

AQA Holiday time and travel (accommodation, holiday activities)

Edexcel At home and abroad (holidays)

Education, training and employment (social life)

OCR The international world (holidays, holiday accommodation)

Personal and social life (people, social contacts)

Task

Vous avez fait partie d'un échange scolaire en France. Vous avez logé chez votre correspondant(e). Cet échange n'a pas très bien réussi.

Ecrivez un rapport en français.

- Donnez des détails du voyage (difficile?)
- Parlez des rapports avec votre correspondant(e) et avec ses parents (bons? mauvais?)
- Donnez vos impressions de la ville où habite votre correspondant(e).

Specimen answer

L'année dernière j'ai fait partie d'un échange scolaire en France. Il n'a pas très bien réussi pour les raisons suivantes.

D'abord le voyage Paris–Besançon a duré 5 heures au lieu de 3 heures et nous n'avions pas de places réservées. Pendant la plus grande partie du trajet j'ai dû rester debout.

J'ai dû partager une chambre avec mon correspondant. La chambre était très petite.

D'abord mon correspondant était gentil envers moi. Mais le premier jour au collège je voulais lui demander à quelle heure nous partions pour la maison après les cours. Il m'a dit quelque chose que je n'ai pas compris. Puis il est parti avec ses camarades. Mon professeur m'a accompagné à la maison mais il n'y avait personne. J'ai dû passer tout l'après-midi avec mon prof. Finalement je suis rentré chez mon correspondant. Heureusement que sa mère était là. J'ai essayé de lui expliquer ce qui s'était passé mais elle ne m'a pas compris. Puis elle m'a offert un sandwich au jambon. J'ai dit que j'étais végétarien. Elle semblait étonnée. Mais elle a dit qu'il n'y avait pas de problème. Elle a remplacé le jambon par du poulet. Je l'ai remerciée, je suis sorti dans le jardin où j'ai jeté le sandwich dans la poubelle.

Heureusement au dîner on a servi du potage et du fromage.

Mon correspondant et moi sommes allés en ville. Nous avons rencontré ses camarades dans un bar. On y a passé toute la soirée. C'était très difficile de comprendre.

Le lendemain c'était samedi. Pendant l'après-midi j'ai accompagné les parents au supermarché faire les courses. On a aussi fait le tour de la ville. Elle est très ancienne. Je l'ai trouvée laide avec ses vieilles maisons sales. Je préfère les villes modernes.

Ce soir-là j'ai téléphoné à mes parents. Je leur ai dit que je voulais rentrer à la maison.

e The candidate has certainly fulfilled the basic requirements necessary to be considered for a grade C or above. A range of tenses is used and opinions are expressed. The future tense is not used but this is understandable because the task requires the candidate to write about events in the past, which this candidate carries out well.

Communication

Does the candidate convey 'quite a lot' or 'a lot' of information? Certainly all of the required points have been addressed. The candidate has not given a lot of details

about the journey, nor about the town, but a lot has been said about the exchange partner and the parents. The candidate has evidently aimed at presenting a particular kind of attitude and has succeeded. It is more interesting than a straightforward account: the reader's attention is more likely to be held. It is more narrative than descriptive, and although opinions are expressed they generally stem from the candidate's attitudes and prejudices. Certainly the candidate goes beyond a basic response and gives a lot of detailed information. The candidate's effort should easily fall into Band 2 for Communication.

Range and complexity

Anyone reading this account will be struck by the candidate's ability to handle indirect speech. Here are some examples:

J'ai essayé de lui expliquer ce qui s'était passé.
(I tried to explain to her what had happened.)

J'ai dit que j'étais végétarien.
(I said I was a vegetarian.)

Mais elle a dit qu'il n'y avait pas de problème.
(But she said there was no problem.)

It can be seen from these examples that the candidate handles the past tenses, including the pluperfect, e.g. 'ce qui s'était passé', very well. The candidate has a good knowledge of the vocabulary required for this task. Also evident from the examples above is that 'longer and more complex sentences are handled with confidence'. This is without doubt 'a fluent piece of coherent language'. This account would fit easily into Band 1 for range and complexity of language.

Accuracy

There are no language errors, the tenses are secure and overall this is an exemplary piece of French.

Réponse à une lettre d'un(e) correspondant(e)

(Higher and foundation tiers)

Topics/sub-topics covered

AQA My world (self, family, friends)
Edexcel House, home and daily routine (information about self, family and friends)
OCR Personal and social life (family, free time)

Task

Tu as reçu cette lettre:

Biarritz le 25 avril

Salut!

Merci de ta lettre. Tu peux me parler un peu de ta famille?

C'était comment ta visite à Londres? Qu'est-ce que tu as fait?
Moi, je n'aime pas les grandes villes. Et toi?

Ecris-moi bientôt.

Amitiés,

D

Ecris une lettre d'environ 150 mots pour répondre aux questions de ton ami(e).

Specimen answer

Salut!

Tu m'as demandé de te parler de ma famille. Alors j'ai une mère et un père, une soeur, Sally, qui a 12 ans, et un frère, William, qui a 19 ans. Il a quitté l'école il y a six mois. En ce moment il fait un stage de formation dans une grande entreprise à Londres.

Tu voudrais aussi savoir ce que j'ai fait à Londres. J'y suis allée avec mes parents et ma soeur. Il y avait des soldes et j'ai acheté des vêtements. Le soir nous sommes allés au théâtre où nous avons vu une pièce intéressante. Ensuite nous avons dîné dans un restaurant chic. Nous sommes rentrés à onze heures et demie. On avait passé une très belle journée.

Personnellement j'adore Londres. Il y a tant de choses à faire et à voir.

Que feras-tu à Pâques? Je vais rendre visite à mon oncle et ma tante en Ecosse.

Réponds-moi vite,

Amitiés

J

The basic element of the task is to write an answer to a letter in which four questions are asked and have to be answered. You could do this very briefly but the instructions require you to write about 150 words. You have to give details about your family and your visit to London. The remaining two questions can be answered more briefly.

The other main element of the task is to use at least two tenses. In answering the question 'Tu peux me parler un peu de ta famille?' you would use primarily the present tense. In answering 'C'était comment ta visite...?' and 'Qu'est-ce que tu as fait?' you would use the past tenses.

You are also asked about your attitude towards big towns or cities. A simple answer would involve the use of the present tense.

Communication

On all of the above counts the candidate has carried out the task more than adequately. Several details about the family have been given and the candidate has mentioned three separate activities during the visit to London. The answer to the last question is developed: the candidate gives reasons for the attitude taken towards cities. The letter is rounded off with a question to the pen friend.

Range and complexity

There is only one complex sentence, but in spite of this the French is fluent and lively. The candidate has displayed a good knowledge of the perfect tense, using verbs conjugated with both 'avoir' and 'être', e.g. 'J'y suis allée', 'j'ai acheté', 'nous sommes allés', 'nous avons vu'.

The candidate has also managed to include the following tenses:
- Imperfect: 'Il y avait des soldes'
- Conditional: 'Tu voudrais aussi savoir'
- Future: 'Que feras-tu à Pâques?'
- Pluperfect: 'On avait passé une très belle journée'

Accuracy

The candidate has produced a good piece of accurate French and has handled the tenses well. All agreements and endings are correct.

Summing up

This is a good model to study; you could use it as a guide. From a brief stimulus (the pen friend's letter) the candidate has composed a piece of French which displays a wide knowledge of grammar, vocabulary and, above all, verbs and tenses. It is up to you to seize every opportunity to show off your knowledge, as the candidate has done here.

Fin d'une lettre qui décrit une surprise-party

(Higher tier)

Topics/sub-topics covered

AQA My world (self, family, friends)
Edexcel Social activities, fitness and health (free time, special occasions)
OCR Personal and social life (free time, social activities)

Task

Complétez cette lettre:

> Salut!
>
> Hier j'ai invité mes copains chez moi pour fêter mon anniversaire.
> Je vais tout te raconter...

N'oubliez pas de mentionner:

- ce qui s'est passé
- vos impressions
- les sentiments de vos parents le lendemain

Specimen answer

... Aidé de Cécile, ma soeur, j'avais tout préparé. Il y avait beaucoup de sandwichs, des gâteaux, des glaces de tous les parfums et des boissons. On avait débarrassé le séjour parce qu'on allait danser. Mes parents étaient sortis.

Vers 8 heures les copains et les copines ont commencé à arriver. Ils m'ont apporté des cadeaux magnifiques et m'ont souhaité bon anniversaire.

D'abord nous avons mangé les sandwichs et avons bu les boissons. Ensuite nous avons dansé. On a joué les CDs que j'avais reçus comme cadeaux. A onze heures nous avons mangé des glaces, après quoi nous avons recommencé à danser. Nous avons dansé jusqu'à deux heures du matin. La plupart de mes copains sont partis. Ceux qui sont restés ont couché dans le séjour.

Le lendemain matin vers onze heures je suis descendu au séjour. J'ai trouvé, à ma grande surprise, que tout était en ordre. En entrant dans la cuisine j'ai vu maman et papa et les copains qui avaient couché dans le séjour. Ils étaient en train de boire une tasse de thé.

Maman a dit: 'Tes copains sont très gentils. Ils ont rangé le séjour. Alors tout s'est bien passé?'

'Oui. C'était sensationnel. J'ai reçu un tas de cadeaux.'

e This task makes demands on the candidate's imagination as the stimulus is very brief. It does, however, provide a good opportunity for the candidate to display a full range of linguistic knowledge. The use of the past tense is essential as, in the stimulus (the opening sentences of the letter), the perfect tense is used — 'Hier j'ai invité…' — and you are instructed to say what happened — 'ce qui s'est passé'.

You do not have to confine yourself to the perfect tense. If you did, the result might be stilted.

Communication
The candidate has obviously gone beyond a basic response and has given some detailed information relating to the party and the following day. It is not certain, however, that the account justifies a place in the top band, which demands a 'full description'. The account is really a straightforward one. There is no description of the atmosphere, for example.

Range and complexity
There seems little doubt that this piece would fit firmly into the top band for range and complexity. There is 'a wide range of structures' and there are 'longer sentences, including the use of subordinate clauses'. These are used successfully, as can be seen in the following examples:

Aidé de Cécile…j'avais tout préparé.
(Helped by Cécile…I had prepared everything.)

On avait débarrassé le séjour parce que…
(We had cleared the living room because…)

A onze heures nous avons mangé des glaces, après quoi…
(At 11 o'clock we ate ice cream, after which…)

Past tenses, including the pluperfect, are used successfully.

Accuracy
There are no errors. Tenses are correctly used and the endings are secure.

Task 8

Lettre de candidature au poste de réceptionniste dans un hôtel français

(Higher and foundation tiers)

Topics/sub-topics covered

AQA Work and lifestyle (part-time jobs and work experience)
Edexcel Education, training and employment (job ads, applications, work experience)
OCR The world of work (jobs and work experience)

Task

Un hôtel dans le midi de la France cherche des employés pour l'été. Vous avez vu cette annonce dans le journal *Nice-Matin*:

> ## Hôtel les Mimosas
> Recherche réceptionniste pour les mois de juillet et d'août
> Doit parler couramment anglais, français, allemand

Ecrivez une lettre en français pour proposer votre candidature au poste de réceptionniste.

Donnez les détails suivants:

- niveau de votre connaissance des langues
- raisons pour lesquelles vous cherchez cet emploi
- à quelles dates vous serez libre
- expérience professionnelle

Posez une question sur l'emploi/l'hôtel.

Specimen answer

Monsieur/Madame

Suite à votre annonce dans *Nice-Matin*, je vous propose ma candidature au poste de réceptionniste.

Je suis bilingue français anglais et je parle et écris bien l'allemand. Je dois vous dire aussi que je parle italien.

Ce travail m'intéresse parce que j'ai l'intention de faire une carrière dans l'hôtellerie.

Je serai libre à partir du début juillet jusqu'au 11 septembre.

Quant à mon expérience professionnelle, j'ai déjà fait deux stages en Angleterre et en France, où j'ai travaillé dans un hôtel au Touquet.

Je voudrais vous poser une question sur l'hôtel. Pourriez-vous me dire où il est situé? Est-il près de la plage?

Je vous prie de croire, Monsieur/Madame, à l'assurance de mes salutations distinguées.

e At first sight this task might seem difficult. But apart from the formal beginning and ending, which can be learned easily, the main content of the letter is straight-forward.

Communication
The candidate has dealt with the task competently and economically. There is no need to expand on the required details. After all, the prospective employer would receive many applications and would want to process them as quickly as possible without having to search through the letter for the relevant details.

Range and complexity
The candidate has managed to include a variety of tenses, which are well handled. The French is completely appropriate to the task.

Accuracy
There are no errors, and tenses and verb endings are correct.

Coursework

Requirements

All the exam boards require the same of candidates with regard to coursework:

- You must produce three units of work, drawn from at least three main topic areas. A unit consists of several short pieces or a single piece of extended writing.
- Candidates aiming at a D grade should submit a portfolio of no fewer than 250–300 words. Candidates aiming for C–A* should submit around 500 words.
- At least a third of all work must be done under controlled conditions in class time and must include one complete coursework unit carried out under controlled conditions. This means that the work will be supervised by a teacher and you only have access to a dictionary and the appropriate task stimulus.
- Your teacher is permitted to give you advice on the content of a piece of work (except work done under controlled conditions). Your teacher may also give you general advice on the linguistic content — a suggestion that genders or verb forms be checked, for instance. Your teacher is not permitted to check individual errors.
- You may make one redraft.

The coursework essays here cover all the main topic areas of the three boards. There is an indication before each essay as to which topic areas are covered. If you are doing coursework, read these essays and the examiner's comments following each one carefully. They will:

- provide you with ideas for subjects
- indicate the kinds of summaries that are suitable, with the main points you might include
- indicate the kind of language you could use for a particular subject
- show you how to introduce opinions and impressions
- provide you with suitable models with correct use of tenses and other grammatical structures
- guide you towards bringing in complex language structures

The examiner's comments will emphasise some of these points, so read them carefully.

Tasks 3, 6 and 7 are particularly suitable for a controlled situation. In the case of task 3, you should be familiar with the subject matter. Tasks 6 and 7 are designed to be done in controlled conditions. Moreover, in task 6 you are required to react to the stimulus provided. If you do these as controlled tasks, try to get your teacher or language assistant to correct them for you and to indicate the level you have attained. Don't forget that you are allowed to use a dictionary. Wait until you have completed the task before comparing your work with the specimen answer.

Portrait d'une ville

Topics/sub-topics covered

AQA   Holiday time and travel (travel, tourism, holiday activities)

Edexcel At home and abroad (holidays and tourist information)

OCR   The world around us (environment, going places)

Task

- Description de la ville
- Description des habitants
- Ma visite

Specimen answer

La Rochelle

La Rochelle est une ville sur la côte atlantique de la France. C'est la plus grande ville du département Poitou-Charentes.

C'était un port de pêche très important. Aujourd'hui c'est principalement un port de plaisance. Le vieux port est très pittoresque.

Les Rochelais sont très accueillants. Ils sont fiers de leur ville qui est en train de se moderniser. Il y a, par exemple, un grand port commercial. En été la ville est envahie par des centaines de milliers de touristes de partout en Europe et, bien sûr, de la France.

Il est bien connu que les Rochelais ont un grand respect pour l'environnement. On encourage les gens à ne pas utiliser leurs voitures au centre de la ville.

J'ai visité La Rochelle au printemps, c'est-à-dire avant l'arrivée de la plupart des touristes. J'ai trouvé que c'est une belle ville avec beaucoup d'espaces verts. On peut trouver, à quelques kilomètres de la ville, de belles plages. A cette époque c'est calme. Pour ceux qui aiment la bonne cuisine il y a un très grand marché où on peut acheter d'excellents fruits et légumes et, bien sûr, les fameux fruits de mer.

e The title of this piece of coursework, 'Portrait d'une ville', comes under the theme 'Holidays and travel'. The specimen essay contains 190 words and, assuming the student's other two pieces were of about the same quality and length, this would put the candidate in the higher-tier category.

Communication

The candidate has more than adequately addressed all three points listed in the rubric. There is essential information on the main aspects and activities of the town. The candidate has not just made a list of these; the information is presented clearly. With regard to the second point, 'Description des habitants', the candidate tends to over-generalise, though the fact that the inhabitants are environmentally aware is well stated and exemplified. Given the word restriction, the candidate has managed to convey personal attitudes well.

Range and complexity

The candidate uses a wide range of vocabulary and structures appropriate to the topic, for example:

port de plaisance (marina)

pittoresque (picturesque)

accueillants (welcoming, hospitable)

en train de se moderniser (in the process of being modernised)

envahie (< envahir) (invaded)

...à ne pas utiliser... (not to use)

espaces verts (green spaces)

à cette époque (at that time, at that period)

The whole of the last sentence is excellent; it translates as: 'For people (those) who like good food there is a very large market where you (one) can buy excellent fruit and vegetables and, of course, the famous seafood.'

The piece is fluent and coherent. Sentences are generally short but there are two longer, more complex sentences. Past tenses and the passive are used correctly and confidently.

Accuracy

The piece is accurate and verb forms and tense formations are secure.

Overall the candidate would achieve a high mark, probably in the top band.

Mes vacances en France

Topics/sub-topics covered

AQA Holiday time and travel (travel, transport, tourism, holiday activities)

Edexcel At home and abroad (holidays and tourist information)

OCR The international world (tourism and holidays)

Task

- Itinéraire
- Destination
- Type de logement
- Visites
- Expériences personnelles

Specimen answer

L'année dernière je suis allée avec mes parents et ma soeur Kate dans le Val de Loire. Nous y sommes allés en voiture. Nous avons fait la traversée Portsmouth Caen/ Oustreham. En route pour Tours, où nous avions réservé des chambres dans un hôtel, nous avons vu plusieurs villes anciennes.

Tours est situé sur les deux rives de la Loire. C'est une très grande ville avec une belle cathédrale. Tours est très bien placé pour explorer la région.

Chaque jour nous avons visité un ou deux châteaux. Je les ai trouvés très intéressants, surtout Azay-le-Rideau avec ses tourelles. J'ai appris un tas de choses sur l'histoire de la France du seizième siècle.

Un jour pendant que nous visitions les jardins du château de Villandry nous avons fait la connaissance d'une famille française qui étaient touristes comme nous. Il y avait deux filles, Sophie, 14 ans, et Anne-Marie, 15 ans. Anne-Marie et moi avions beaucoup en commun. Comme moi elle aimait beaucoup le sport et le théâtre. Comme ils étaient descendus aussi dans un hôtel à Tours nous avons décidé de sortir ensemble. Anne-Marie va passer les vacances de Pâques chez nous.

 The piece fits into the theme of holidays. It contains enough words to be considered for a higher-tier outcome.

Communication
All of the points in the list have been covered. The route is described clearly and concisely, as are the location and accommodation. The visits are described briefly. The candidate has devoted a disproportionate amount of space to the last point.

Overall, though, quite a lot of information is given.

Range and complexity
The candidate has used a variety of past tenses, including the pluperfect. The vocabulary used is varied and suited to the subject of the piece, for example: bien placé (well situated)

tourelles (turrets)

siècle (century)

Accuracy

The piece is accurate. Verbs and past participles are correct.

This piece of work would certainly fall into the second-from-top band.

Ecrivez un article au sujet de votre école

Topics/sub-topics covered

AQA   My world (daily routine, school, future plans)

Edexcel Education, training and employment (school life and routine)

OCR   Everyday activities (school life)

Task

Write an article about your school. Give the following details:

- description of school (building, uniform)
- description of school day
- school trip you have been on
- your plans for when you leave school

Specimen answer

Mon école est assez grande. Elle se trouve près d'une petite ville. Elle a été construite il y a 20 ans. Elle est mixte. Il y a 950 élèves. Nous portons un uniforme. C'est un pantalon gris et une chemise jaune.

La journée commence à 8 heures et demie. Le matin nous avons 5 cours. Il y a récréation à 10 heures et demie. A une heure moins le quart nous prenons le déjeuner dans la cantine. D'habitude on mange bien. L'après-midi il y a trois cours et nous quittons l'école à 4 heures moins le quart.

En été de l'année dernière j'ai fait partie d'un échange scolaire avec un collège français à Vesoul dans l'est de la France. D'abord un groupe d'élèves français est venu passer une quinzaine de jours chez nous et un mois plus tard nous sommes allés chez eux. L'échange a très bien réussi.

J'ai trouvé la famille de ma correspondante très gentille. Nous sommes allés à Genève en Suisse et avons passé un weekend dans les Alpes. Je garde de très bons souvenirs de mon séjour en France. Je pense que j'ai fait de bons progrès en français.

J'espère réussir à mes examens avec de bonnes notes. Alors je vais continuer mes études pendant deux ans. Je voudrais faire une licence en droit à l'université d'Oxford. C'est du moins mon ambition.

e *Communication*

All of the points have been covered.

Range and complexity

The vocabulary is appropriate and used with precision. The sentences are short but nonetheless effective in conveying the message intended.

Accuracy

There is a high degree of accuracy.

Mon avenir

Topics/sub-topics covered

AQA The young person in society (education, careers and future plans)
Edexcel Education, training and employment (different types of jobs, future plans)
OCR The world of work (careers and life-long learning)

Task

- Etudes supérieures
- Carrière
- Espoirs

Specimen answer

J'espère commencer mes études dans deux ans. Je voudrais étudier les sciences économiques à l'université de Londres.

Comme j'habite à Oxford il me sera nécessaire de trouver un logement à Londres. Mon frère, qui travaille dans la capitale, habite un petit appartement pas très loin du collège où je voudrais faire mes études. Il m'a dit que je pourrai loger chez lui jusqu'à ce que je trouve autre chose.

A la fin de mes études universitaires je voudrais aller aux Etats-Unis où je voudrais faire un cours de management. Mon but est de trouver un poste dans une grande entreprise américaine en Europe. De préférence en France.

Il y a plusieurs raisons pour lesquelles je voudrais faire une telle carrière. Premièrement je voudrais gagner un bon salaire. Mais ce qui est plus important c'est de trouver un travail intéressant et satisfaisant. Je pense aussi que les meilleures entreprises américaines ont une bonne réputation. Finalement j'aurai l'occasion de vivre en Europe et de pratiquer mes langues.

Communication

'Mon avenir' ('my future') is, potentially, a very big subject. In this fairly short essay the content is well controlled and a lot of points have been included. Moreover, the essay is personalised: at the end the candidate manages to bring in a personal opinion and also to give reasons for choosing the career in question.

Range and complexity

The vocabulary is appropriate and well used. There are several complex structures and overall the piece is idiomatic.

Some examples of structures successfully used are as follows:
il me sera nécessaire de trouver… (I will have to find…)
il m'a dit que… (he told me that…)
jusqu'à ce que je trouve… (until I find…)
mon but est de trouver… (my aim is to find…)
j'aurai l'occasion de vivre en Europe et de pratiquer mes langues (I will have the opportunity to live in Europe and practise my languages)

Accuracy

The candidate demonstrates a very high level of accuracy.

Article sur une région de France

Topics/sub-topics covered

AQA The young person in society (environment)
Holiday time and travel (holiday activities)
Edexcel At home and abroad (holidays)
OCR The world about us (environment, going places)

Task

- Le nord-est de la région
- Région diverse
- Le Parc Naturel du Mercantour
- Projets pour l'année prochaine

Specimen answer

L'année dernière j'ai eu la bonne fortune de visiter la Provence dans le Midi de la France. Pour beaucoup de personnes c'est la Côte d'Azur, les belles plages, les belles villes au bord de la mer méditerrannée. J'ai trouvé que l'arrière-pays est beaucoup plus diverse avec ses collines, ses montagnes, ses forêts et ses belles rivières.

J'y suis allée avec mes parents. Nous avons fait le tour de la région dans une voiture que nous avions louée en arrivant à l'aéroport de Nice. Nous sommes descendus dans de petits hôtels. Après Nice nous sommes allés à Aix-en-Provence en passant par les autres villes de la Côte d'Azur comme Antibes et Fréjus. Puis nous sommes allés à Digne dans le nord-est de la region. C'est une ville qui est située près des Alpes Niçoises. Nous avons exploré un peu cette région. L'un des endroits les plus intéressants est le Parc Naturel du Mercantour. Tout récemment on y a introduit le loup mais nous n'en avons pas vu.

Je pense que la Provence est une région très variée et très intéressante. Il y a beaucoup à faire et à voir. Vous pouvez vous baigner dans la mer, pratiquer des sports aquatiques. Vous pouvez explorer la nature et vous pouvez visiter les grands centres culturels.

L'année prochaine j'irai de nouveau en Provence. J'explorerai avec quelques amies les Alpes-Maritimes. On fera du camping et des randonnées à vélo tout terrain.

ℓ Communication

This is a big topic but the list of points in the rubric limits the scope considerably. The points required are well covered. Some personal impressions are introduced.

Range and complexity

A good variety of tenses is used. The vocabulary is appropriate and well used. The sentences are generally short but, in this essay, this makes for a lively and interesting style.

Accuracy

No errors are made and tenses are well handled.

Lettre à un journal

Topics/sub-topics covered

AQA   The young person in society (social issues)
Edexcel Media, entertainment, youth culture (media, current affairs)
OCR   Personal and social life (social activities)

Task

Write a letter to a newspaper expressing reactions to an article on the cinema (reproduced below). Entitled 'Quand le cinéma tue', the article is about the influence of violent films on young people.

Quand le cinéma tue
Les cinéastes ont-ils une responsabilité concernant le nombre croissant de crimes de violence commis par les jeunes?

Les familles ont raison de poser cette question si on considère les faits divers qu'on lit à la une des journaux. Un adolescent porte la cape noire et masque blanc de tueur de *Scream*, film américain, pour attaquer son père et sa belle-mère à coups de couteau. Un jeune garçon, inspiré par *Pulp Fiction*, tue ses parents à l'aide d'un fusil.

Ce sont peut-être des cas exceptionnels mais ils ont provoqué une vive controverse dans la presse surtout aux Etats-Unis.

Specimen answer

Cher Monsieur/Chére Madame

J'ai lu cet article avec beaucoup d'intérêt, mais en même temps je l'ai trouvé troublant. Il m'a intéressé parce que j'ai réalisé qu'en France comme en Angleterre on pense que la violence au cinéma influence les jeunes. Je suppose qu'on considère aussi que la violence à la télévision influence les jeunes.

J'ai été horrifiée par le nombre de cas de meurtre qui ont été peut-être inspirés par certains films américains tels que *Pulp Fiction*, *Tueurs nés* et *Matrix*. Je dis 'peut-être' parce que, à mon avis, on n'a pas prouvé que ce lien existe.

Il y a eu toujours des cas de violence chez les jeunes. Il n'y a pas toujours eu de films violents. Il y a beaucoup de raisons pour lesquelles une personne commet un acte violent. On ne peut savoir si une personne qui tue ses parents ou ses camarades d'école les auraient tués si elle n'avait pas vu un certain film violent.

Néanmoins je pense que les metteurs en scène ont une grande responsabilité. Ils ne devraient pas donner une image attirante de la violence. Si les jeunes voient que la violence est 'cool' alors ils pourraient, dans certaines circonstances, imiter les actes de violence qu'ils voient au cinéma ou à la télévision.

Je vous prie, Monsieur/Madame, de croire à l'assurance de mes salutations distinguées.

🄴 Communication
This is an excellent letter, not only expressing reactions but also displaying much reasonable and measured personal opinion.

Range and complexity
The language is equal to the ideas and reactions expressed. Judicious use has been made of words and phrases taken from the article and these are success-fully integrated into the letter.

Accuracy
A high degree of accuracy is achieved.

Extraits d'un journal de vacances et lettre se plaignant du service à l'hôtel

Topics/sub-topics covered
AQA Holiday time and travel (tourism, accommodation, services)
Edexcel At home and abroad (holidays, tourist accommodation, services)
OCR The international world (tourist and holiday accommodation)

Task

Extrait d'un journal de vacances décrivant de mauvaises expériences à un hôtel
- Lettre se plaignant du mauvais service

Specimen answer

Extraits d'un journal de vacances

6 août Arrivée à l'Hôtel des Lilas. Chambre très petite — pas de serviettes. Vue sur la cour — pas très intéressante — odeurs de cuisine. Dîné à 8h. Soupe froide, viande immangeable. Je me suis plainte. On s'est excusé.

7 août Eveillée à 5 heures par des cris dans la cour. Petit déjeuner insuffisant. Café abominable. Dîné à 7h. Dîner un peu meilleur que le soir précédent.

8 août Départ de l'Hôtel des Lilas.

Lettre à l'hôtel

Monsieur

Il y a deux semaines j'ai passé avec mes parents deux nuits à votre hôtel. On avait eu l'intention d'y rester plus longtemps mais on a décidé de partir après deux jours.

Nous avons pris cette décision à la suite de plusieurs mauvaises expériences. Voici une liste de nos plaintes.

Nos chambres étaient très petites. Il n'y avait pas de serviettes. Les chambres donnaient sur une petite cour très sombre. On était réveillé le matin par des cris venant de la cour.

Quant à la cuisine, la première nuit on a servi de la soupe froide et la viande était mauvaise. Quand on s'est plaint la serveuse a dit que c'était tout ce qui restait. Au petit déjeuner le pain était dur et le café était amer.

Il faut dire que la deuxième nuit le dîner n'était pas très mauvais.

Il reste sans dire que nous ne descendrons jamais plus à votre hôtel. Néanmoins nous envoyons une copie de cette lettre à l'Office du Tourisme de la région.

Croyez, Monsieur, à mes sentiments les plus sincères.

℮ *Communication*

Both parts of the task — the diary entries and the letter — have been carried out fully. In the diary notes enough points have been made to provide material for the letter.

Range and complexity

The vocabulary is appropriate and well used in both parts of the task. The reasons for complaining are made clearly and concisely in the letter. Tenses are particularly well used. This is seen in the first paragraph:

On avait eu l'intention d'y rester plus longtemps mais on a décidé de partir après deux jours.

(We had intended [pluperfect] to stay longer but we decided [perfect] to leave after 2 days.)

Accuracy

There is a high level of accuracy.

Les occupations quotidiennes

Topics/sub-topics covered

AQA My world (self, family, friends, daily routine)

Edexcel House, home and daily routine (information about family)

OCR Everyday activities (home life)

Task

Write an account of your morning and evening routines at home, giving details about getting up, preparing meals, clearing away etc.

Specimen answer

Dans ma famille il y a cinq personnes. Ce sont mes parents, mon frère Neil, qui a 14 ans, ma soeur Amy, qui a 11 ans, et moi. Moi, j'ai 16 ans. Nous, les enfants, allons tous à la même école. Donc nous devons tous partir de la maison à la même heure. Tu peux imaginer la situation le matin. Par exemple chacun veut prendre une douche en même temps, ce qui n'est pas possible. Alors on a établi un horaire. Mes parents se lèvent toujours les premiers. Donc ils prennent leur douche avant nous.

Quant au petit déjeuner, chacun le prend après avoir pris sa douche. Alors les jours de la semaine on ne prend jamais le petit déjeuner en famille. Papa doit partir le premier, puis maman et ensuite nous autres. Amy est presque toujours la dernière à quitter la maison. Elle doit toujours chercher ses affaires.

Le soir nous essayons de dîner ensemble à 7 heures. En principe cela devrait être possible mais il y a souvent quelque chose qui l'empêche. Par exemple la semaine passée on n'a dîné ensemble que deux soirs. Maman ou papa arrive en retard, l'un de nous doit sortir ou quelqu'un n'a pas fini ses devoirs.

D'habitude c'est moi qui prépare le repas du soir. Il me plaît de faire la cuisine. Neil s'occupe de la vaisselle et Amy met et débarrasse la table.

On se couche assez tard mais heureusement pas tous à la même heure. C'est donc plus tranquille chez nous le soir.

e This task demands the predominant use of the present tense. The candidate has shown proficiency in its use. There are some examples of the perfect tense and one use of the conditional. The candidate could, however, have sought opportunities to use the imperfect tense. Reference is made to an event in the previous week; the candidate could have given an example of a change of routine. The future tense could have been used to express what the writer will do next year. There are no personal opinions expressed directly, although the candidate has indicated his/her attitude to the arrangements in the morning — 'Tu peux imaginer la situation le matin' — and expresses dissatisfaction with the general lack of order.

Communication

There is no doubt that the candidate has provided a lot of relevant information and the events are clearly described. Ideas are lacking, but an overall point of view is expressed. This point of view could have been spelled out more clearly.

Range and complexity

This piece of work is good as regards range and complexity. The candidate has made effective use of modal verbs, e.g. vouloir, pouvoir, devoir. Here are some examples:

nous devons tous partir (we must all leave)

tu peux imaginer (you can imagine)

chacun veut prendre une douche (everyone wants to take a shower)

Papa doit partir le premier (Dad has to leave first)

Complex sentences, where used, are well handled, for example:

En principe cela devrait être possible mais il y a souvent quelque chose qui l'empêche.

(In theory that should be possible but there is always something that prevents it.)

This is a fluent piece of French.

Accuracy

There are no errors, even in the more complex structures, of which there are several.

In assessing this piece of work it is important to make a judgement about tense usage. The nature of the task is such that the present tense is bound to be used most of the time. The candidate has devised ways to introduce the perfect tense without it appearing forced. Ways could have been found to bring in one or two future tenses. However, the range and complexity of the language used should make up for any shortcomings in the other areas.

Reading

Requirements

The following extract from the requirements of one of the exam boards is a good summary of the requirements common to the foundation and higher tiers:

> Candidates will be expected to pick out specific details, to identify the main points of what they read and to understand the point of view of the writer. The texts and questions will include reference to past, present and future events.

The requirements for higher-tier questions are as above, plus:

> Candidates will be expected to understand the gist of what they read, to identify attitudes, opinions and feelings expressed or implied, and to draw conclusions. Candidates will also be able to work out the meanings of unfamiliar words using a variety of strategies, including those based on linguistic patterns (such as identifying an unfamiliar adverb on the basis of a familiar adjective).

At foundation and higher tiers candidates may be required to read a number of short paragraphs in the target language. At higher tier, the stimuli will consist of written target language in a variety of registers, narrative and imaginative material and discussion of a range of issues within the themes detailed in the specification.

Travail volontaire

(Higher tier)

Topics/sub-topics covered

AQA   The young person in society (social issues, social responsibilities)
Edexcel At home and abroad (holidays)
OCR   The world of work (jobs and work experience)

Le chantier aura lieu dans une réserve naturelle située dans les montagnes. Les volontaires feront divers travaux. Ils nettoieront les ceintures de protection qui permettent d'éviter les incendies de forêt. Ils nettoieront des ruisseaux, répareront des chemins…Ils pourront aussi couper du bois pour des personnes âgées du village. Les volontaires partageront la vie des habitants du village où ils seront logés.

Task

Cochez les quatre phrases vraies.

Exemple: Dans cet article il s'agit d'un travail non rémunéré.	✔
(a) Le chantier se trouve dans une région montagneuse.	
(b) Les volontaires ne feront que des travaux de nettoyage.	
(c) Le but des ceintures de protection est d'empêcher les incendies.	
(d) Les volontaires enlèveront les ordures des ruisseaux.	
(e) Ils ne feront pas de travaux de réparation.	
(f) Ils aideront les gens du village.	
(g) A part leur travail les volontaires n'auront pas de rapports avec les gens du village.	
(h) Ils vivront en ville.	

Answers

The four correct statements are **(a)**, **(c)**, **(d)**, **(f)**

Correct answers

(a) Some interpretation is required from 'dans les montagnes' in the text.

(c) You will have to understand 'but' ('aim') and that 'empêcher' ('to prevent') is a synonym of 'éviter' ('to avoid').

(d) Some deduction is required here and you need to understand the meaning of the verbs 'nettoyer' ('to clean') and 'enlever' ('to remove') and the noun 'ordures' ('rubbish').

(f) The answer is found in the sentence 'Ils pourront aussi couper du bois pour les personnes âgées' ('They could also cut wood for the old people').

Wrong answers

(b) It should be clear that the volunteers will do other kinds of work but you will have to understand 'ne...que' ('only').

(e) This is an obvious contradiction.

(g) As the volunteers will be living in the village and will be helping villagers it is clear that this is not correct.

(h) This is another contradiction of what is said in the text. 'Ils vivront...' = 'They will live...'.

Publicité pour une ferme équestre

(Higher tier)

Topics/sub-topics covered

AQA   Holiday time and travel (holiday activities)
Edexcel Media, entertainment, youth culture (sport)
OCR   Personal and social life (free time, sports, personal interests)

Lisez cette publicité.

Ferme équestre de Landeau

Activités

- Promenades: 1 heure = 13 euros; 2 heures = 25 euros; carte 10 heures = 100 euros.
- Journée: adultes, enfants. Avec ou sans hébergement.
- Stages d'équitation pour enfants, ados: 300 euros du lundi au vendredi. Enseignement.
- Randonnées sur plusieurs jours pour groupes minimum 6 personnes.
- Randonnées en bivouac (location de tentes 10 euros la nuit) pour enfants et ados en été.

Task

Vrai ou faux? Cochez la bonne case.

	Vrai	Faux
Exemple: C'est une publicité pour des activités équestres.	✔	
(a) Les visiteurs ne peuvent pas être logés.		
(b) Il y a la possibilité de se perfectionner en équitation.		
(c) On n'accepte que les adultes ou les adolescents.		
(d) Il y a la possibilité de faire des randonnées qui durent plusieurs jours.		

Answers

(a) Faux   (b) Vrai   (c) Faux   (d) Vrai

 If, as here, a photograph is supplied with the text, do not rely upon it to supply you with correct answers. You always have to look closely at the text. The photograph will only give you a general idea of the content.

(a) The phrase 'avec ou sans hébergement' ('with or without accommodation') contradicts statement (a).

(b) The phrase 'stages d'équitation' ('courses in horse-riding') and the word 'enseignement' ('teaching') should lead you to the correct response.

(c) An understanding of 'ne...que' ('only') is necessary to tackle this.

(d) 'Randonnées sur plusieurs jours' ('trips lasting several days') is the phrase that should provide you with this correct answer.

Text 3

La consommation de l'eau

(Higher tier)

Topics/sub-topics covered

AQA   Work and lifestyle (healthy living)
Edexcel Social activities (fitness and health)
OCR   Everyday activities (health and fitness)

Il est recommandé de boire chaque jour environ 1.5 litres d'eau. L'idéal c'est d'en boire régulièrement au cours de la journée. Commencez le matin avant de manger de boire un grand verre. N'oubliez pas de boire de l'eau pendant les repas. Si vous pratiquez une activité sportive vous devez boire plus (au moins 21 verres par jour). Une eau minérale riche en calcium est recommandée à ceux pour qui une bonne performance musculaire est nécessaire.

Task

Choisissez la bonne expression pour finir chaque phrase.

Exemple: Il s'agit
    (i)   de conseils concernant la consommation de l'eau.   ✔
    (ii) des différentes eaux minérales.
    (iii) d'une publicité pour l'eau gazeuse.

(a) Chaque jour
    (i)   il faut boire 1.5 litres d'eau.
    (ii) il est conseillé de boire 1.5 litres d'eau.
    (iii) on doit boire 1.5 litres d'eau.

(b) L'idéal est de boire de l'eau
    (i)   seulement le matin et le soir.
    (ii) seulement aux repas.
    (iii) d'une manière régulière.

(c) Ceux qui pratiquent un sport devraient boire chaque jour
    (i)   un peu plus de 10 verres d'eau.
    (ii) un peu plus de 20 verres d'eau.
    (iii) la même quantité d'eau que ceux qui ne font pas de sports.

(d) Une eau minérale riche en calcium
    (i)   aide à développer les muscles.
    (ii) aide à développer un corps musculaire.
    (iii) aide à améliorer l'efficacité des muscles.

Answers

  (a) ii   **(b)** iii   **(c)** ii   **(d)** iii

  (a) In both (i) and (iii) compulsion is implied. In the text it is a recommendation. 'Il est conseillé' ('It is advisable') is the most apt beginning to the sentence.

  (b) This should not present any problems: 'régulièrement' means the same as 'd'une manière régulière'.

(c) Make sure you know the meaning of 'plus de…' ('more than…').

(d) The phrase 'une bonne performance musculaire' is the clue to getting the right answer here. Calcium contributes to greater muscular efficiency. 'Efficacité' = 'effectiveness/efficiency'.

Transport des vélos et des animaux dans les transports publics

(Higher and foundation tiers)

Topics/sub-topics covered

AQA   Holiday time and travel (travel and transport)
Edexcel At home and abroad (travel, transport, holidays and tourist information)
OCR   The world around us (going places)
           The international world (tourism and holidays)

Voici deux extraits d'un dépliant concernant les transports en Ile-de-France.

Transport des vélos

Vous pouvez transporter gratuitement votre vélo dans tous les trains et RER SNCF du réseau Ile-de-France: les samedis, dimanches et jours de fêtes sans restriction, ainsi que les jours de semaine, sauf aux heures d'affluence de 6 heures 30 à 9 heures dans le sens Paris et de 16 heures 30 à 19 heures dans le sens Banlieue.

Le transport des vélos n'est pas autorisé dans le métro, ni dans les bus.

Animaux

Les chiens et petits animaux domestiques sont admis si les autres voyageurs ne s'y opposent pas. Les chiens doivent être tenus en laisse et muselés. Le prix du transport est soit gratuit pour les petits animaux placés dans un contenant, soit à demi-tarif. Dans le bus, le métro et le tramway, les chiens ne sont pas acceptés même tenus en laisse, sauf s'ils sont dans un contenant dont la plus grande dimension doit être inférieure à 45 centimètres.

Task

Transport des vélos

Dites si les phrases suivantes sont vraies (V) ou fausses (F).

(a) Il faut payer le transport d'un vélo le dimanche.

(b) On peut transporter un vélo sur le réseau de 6 heures 30 à 9 heures dans le sens Banlieue.

(c) Il est interdit de transporter un vélo dans le métro.

(d) Il est permis de transporter un vélo dans les bus.

Animaux

Answer the following questions in English.

(a) Apart from dogs, which category of animals is allowed on public transport? (1)

(b) Under what conditions are dogs allowed? (3)

(c) Under what circumstances are animals allowed to travel free of charge on public transport? (1)

(d) Under what circumstances are animals allowed on the metro, buses and trams? (3)

Answers

Transport des vélos

(a) F   **(b)** V   (c) V   (d) F

Animaux

(a) Small pets (1).

(b) Fellow-travellers do not object (1); on a lead (1); muzzled (1).

(c) In containers (1).

(d) Only in a container (1) of less than (1) 45 cm (1).

✏ Transport des vélos

This should not present too much of a problem with regard to vocabulary. You must read the text carefully, however, to arrive at the correct answers.

(a) The key word is 'gratuitement' ('free of charge'). It is free of charge on Sundays as well as the other days mentioned.

(b) A successful answer would depend on a clear understanding of 'dans le sens' ('in the direction of'). You would be going against the rush-hour traffic. 'Heures d'affluence' in this context means 'rush hour'.

(c) This should not present any real problem. 'Interdit' = 'forbidden/not allowed'. The appropriate section of the text is 'Le transport des vélos n'est pas autorisé' ('...is unauthorised').

(d) In the question you find 'Il est permis' ('It is allowed'), whereas in the text you find '(Il) n'est pas autorisé', which is the opposite. This applies to buses as well as the metro — '...ni dans les bus' ('ni...ni' = 'neither...nor').

Animaux

Here the questions and answers are in English. Your knowledge of vocabulary is put to the test: where you are not sure of the meaning of a word your ability to work the meaning out is called upon.

(a) This should not present too much of a problem as the vocabulary is elementary. If you have not come across 'animaux domestiques' you should be able to work it out from 'domestiques'.

(b) The first part could present a problem. If you do not know the meaning of 'si les autres voyageurs ne s'y opposent pas' you could try to work it out. 'Si' ('if') is important because it shows it is a condition. You should be able to guess 'voyageurs' from the English 'voyage'. You would no doubt be able to infer that 'autres' means 'others'. You would guess that 'opposent' < 'opposer' is like the English verb 'oppose'. Here it is a reflexive verb so that means that the other travellers 'oppose themselves'; and 'y' ('to it') refers to bringing animals into the compartment. If you are not familiar with 'laisse' and/or 'muselés' you should be able to guess their meanings from the context and their similarity to their English equivalents.

(c) An understanding of 'gratuit' ('free of charge') and 'contenant' ('container') is essential. 'Soit...soit' = 'either...or'.

(d) In this context 'inférieure' = 'smaller'.

Violence au cinéma

(Higher tier)

Topics/sub-topics covered

AQA   The young person in society (social issues)
Edexcel Media, entertainment, youth culture (media)
OCR   Personal and social life (entertainment)

(The following passage appears as stimulus material for Coursework task 6. Here you are required to look at the passage in greater detail.)

Les cinéastes ont-ils une responsabilité concernant le nombre croissant de crimes de violence commis par les jeunes?

Les familles ont raison de poser cette question si on considère les faits divers qu'on

---

lit à la une des journaux. Un adolescent porte la cape noire et le masque blanc de tueur de *Scream*, film américain, pour attaquer son père et sa belle-mère à coups de couteau. Un jeune garçon, inspiré par *Pulp Fiction*, tue ses parents à l'aide d'un fusil.

Ce sont peut-être des cas exceptionnels mais ils ont provoqué une vive controverse dans la presse surtout aux Etats-Unis.

Task

Answer the following questions in English.

(a) (Paragraph 1) What question is asked concerning film directors? (4)

(b) (Paragraph 2) Who were killed and what weapon was used in the crime supposedly inspired by the films:
  (i) *Scream*? (3)
  (ii) *Pulp Fiction*? (2)

(c) (Paragraph 3) What have these crimes led to? (3)

Answers

(a) Are they responsible for (1) the growing number of (1) violent crimes (1) committed by young people (1)?

(b) (i) Father (1) and stepmother (1); knife (1).
  (ii) Parents (1); rifle (1).

(c) Heated debate (1) in press (1), especially USA (1).

℮ The questions direct you to the paragraph where the answer is to be found. This is a convenient way of getting you to focus on a small piece of French.

  (a) To answer this fully you must understand 'croissant' ('growing'), the present participle of 'croître'; and 'commis' ('committed'), the past participle of 'commettre'.

  (b) Again, this question tests your knowledge of vocabulary: 'belle-mère' = 'stepmother'; 'couteau' = 'knife'; 'fusil' = 'rifle'.

  (c) Key words/phrases are 'provoqué' ('inspired'), the past participle of 'provoquer'; 'vive controverse' ('heated debate').

Les adolescents et le Net

(Higher tier)

Topics/sub-topics covered

AQA My world (interests, hobbies)
Edexcel Media, entertainment, youth culture (media)
OCR Personal and social life (free time, personal interests)

D'une certaine façon les adolescents se servent du Net plus efficacement que leurs aînés. Les adultes sont attirés notamment par les sites de commerce électronique et de services. Les adolescents sont surtout consommateurs de contenus. Les sites musicaux MP3, le cinéma, les jeux vidéos et tout ce qui concerne les nouvelles technologies sont les sujets les plus populaires.

Ce qui est aussi populaire chez les jeunes sont les sites où les adolescents peuvent participer à des discussions. On discute avec des inconnus sur tous les sujets, surtout ce qui leur passe par la tête.

Task

Complétez chaque phrase avec un mot en français. Choisissez dans cette liste:

manière	rares	divers	moins
moins	films	aiment	intéresse
détestent	inconnus	contient	amis
plus	surtout	parler	vidéos

Exemple: Dans cet article il s'agit de la .... dont on se sert du Net. (manière)

(a) Les adultes se servent du Net d'une façon .... efficace que les adolescents.

(b) Les adultes .... regarder les sites de commerce électronique.

(c) Les adolescents s'intéressent à ce que le Net ....

(d) Les adolescents s'intéressent .... à tout ce qui concerne les nouvelles technologies.

(e) Ils veulent voir les derniers .... et ....

(f) Les adolescents aiment aussi les sites où ils peuvent .... avec des ....

(g) Les sujets discutés sont extrêmement ....

(h) Ils parlent de tout ce qui les ....

Answers

(a) moins	**(e)** films, vidéos (or reversed)
(b) aiment	**(f)** parler, inconnus
(c) contient	**(g)** divers
(d) surtout	**(h)** intéresse

(a) This is the opposite of the way young people use the Net, i.e. 'plus efficace-ment', so you use 'moins' ('less').

(b) In the text you read 'attirés…par' ('attracted by').

(c) The text reads 'consommateurs de contenus' ('consumers of the contents'). The key part of the sentence you have to fill in means 'what the Net contains' ('contient').

(d) 'Les nouvelles technologies' is the kind of content that interests young people most, so the word to select is 'surtout' ('especially').

(e) You have to choose from the list in the text of things young people want to download. The question reads 'Ils veulent voir les derniers…' ('They want to see the latest…').

(f) This is fairly straightforward. The words you should select are 'parler' ('to speak') and 'inconnus' ('strangers').

(g) In the last sentence you read 'tout ce qui leur passe par la tête' ('everything that enters their heads'). 'Divers' = 'varied', which obviously fits in here.

(h) 'Intéresse' = 'interests'.

Les téléphones mobiles

(Higher tier)

Topics/sub-topics covered

AQA   My world (self, family, friends)
 The young person in society (responsibilities)
Edexcel Social activities, fitness, health (accidents)
OCR   Everyday activities (home life)
 Personal and social life (the family)

En France de plus en plus d'adolescents possèdent un portable. Les adultes ont déjà reconnu l'utilité du portable surtout ceux qui voyagent, qui ont une panne sur l'autoroute ou en cas d'accident. Les adolescents réalisent que depuis qu'ils possèdent un portable ils jouissent de plus de libertés. Par exemple ils peuvent aller seuls en ville. On pense que plus tard avoir un portable sera aussi naturel qu'avoir un baladeur ou une télé.

Beaucoup de parents aussi sont satisfaits depuis que leurs enfants possèdent un portable. Ils peuvent appeler en cas d'urgence. Il n'y a plus aucun besoin de se disputer sur la facture téléphonique. Les enfants gèrent leurs dépenses avec leur argent de poche.

Answer the following questions in English.

(a) Which factors have convinced adults of the usefulness of mobile phones? (3)

(b) What have the young people who own mobile phones realised? (1)

(c) What is predicted with regard to the possession of mobile phones? (3)

(d) Give the reasons why many parents are pleased that their children own a mobile phone. (4)

Answers

(a) Useful if they have a breakdown (1) on motorway (1); accident (1).

(b) More freedom (1).

(c) As normal (1) as having a Walkman (1) or a television (1).

(d) They can call (1) in an emergency (1); no more quarrels (1) over telephone bill (1).

e A reading comprehension where the questions and answers are in English is not necessarily easier than one in which they are in French. You have to understand individual words and whole phrases or sentences. You should try to find the key word or words in the question and then the corresponding ones in the text.

(a) 'Usefulness' is the key word in the question and the corresponding word in the text is 'utilité'. Following on from this there are two linked phrases: 'une panne sur l'autoroute' ('a breakdown on the motorway') and 'en cas d'accident' ('in case of an accident').

(b) The key word in the question is 'realised', which corresponds to 'réalisent' in the text. The phrase connected with this is 'ils jouissent de plus de libertés' ('they enjoy more freedom').

(c) In the question the key phrase is 'is predicted'. There is no single-word equivalent in the text: you have to locate a group of words, i.e. 'on pense que plus tard…' ('they think that later…'). When you have located this, the answer should be easy to find: 'avoir un portable ce sera aussi naturel qu'avoir un baladeur ou une télé' ('possessing a mobile telephone will be as normal as having a Walkman or a television'). The future tense — 'sera' — provides an additional clue.

(d) The key word in the question is 'pleased' and the corresponding word in the text is 'satisfaits'. The whole of the sentence in the question is to be found in the text. Then the next two sentences form the answer: 'Ils peuvent appeler en cas d'urgence. Il n'y a plus aucun besoin de se disputer sur la facture téléphonique.' ('They can call in the case of an emergency. There is no longer any need to argue over the telephone bill.') If you have not come across the word 'facture' ('bill'), you might be able to work it out from the last sentence: 'Les enfants gèrent leurs dépenses avec leur argent de poche.' ('Children cover their expenses with their pocket money.')

Les films de François Truffaut

(Higher tier)

Topics/sub-topics covered

AQA   My world (interests)
Edexcel Media, entertainment, youth culture (media)
OCR   Personal and social life (entertainment)

Dans tous ses films Truffaut impose sa marque et établit une sorte d'intimité très personnelle entre ses spectateurs et lui. Nous voyons les mêmes thèmes et points de vue réapparaître, en particulier sur les femmes, l'amour, la vie du couple et les enfants. Nous savons, par exemple, combien il aime la littérature, et surtout son admiration pour Balzac, le grand romancier français du dix-neuvième siècle.

Nous savons aussi que Truffaut décrit plusieurs de ses propres expériences dans ses films. Dans les premiers films de Truffaut, on est conscient de l'importance qu'a pour lui le cinéma et de sa connaissance du sujet.

Task

Answer these questions in English.

(a) What does Truffaut want to establish between himself and his audience? (2)

(b) Name the four main themes mentioned here. (4)

(c) For what does he have great admiration? (1)

(d) How is Balzac described? (4)

(e) What does Truffaut describe in many of his films? (2)

(f) Of what are we aware in Truffaut's early films? (2)

Answers

    (a) Personal (1) intimacy (1).
    (b) Women (1); love (1); life as a couple (1); children (1).
    (c) Literature (1).
    (d) Great (1) French (1) nineteenth-century (1) novelist (1).
    (e) Own (1) experiences (1).
    (f) Importance of cinema (1); his knowledge of subject (1).

    e You can adopt the technique outlined in Text 7, i.e. look for the key words or phrases in the questions and then find their equivalents in the text.
    (a) The answer in the text is 'une…intimité…personnelle'.
    (b) The French word 'thèmes' is almost the same as the English word 'themes', which should point you in the right direction.
    (c) The phrase that provides the answer is: 'combien il aime la littérature' ('how much he loves literature').
    (d) This should not pose too much of a problem. If you are not familiar with 'romancier' ('novelist'), you might be able to work it out from 'roman' ('novel').
    (e) 'Propre' used before the noun means 'own'.
    (f) 'Etre conscient' = 'to be aware'. Note that in 'l'importance qu'a pour lui le cinéma' the 'qu' (que)' placed here is a neat way of avoiding the ungainly '…que le cinéma a pour lui'.

Speaking

Requirements

- **Role-plays:** in the role-plays candidates are assessed on the appropriateness of their responses and on the quality of the language used.
- **Presentation, discussion and conversation:** communication, spontaneity and fluency, range and complexity of language, and pronunciation and accuracy are all assessed.

The top three bands are as follows.

Communication

Band 3

Appropriate and unambiguous response, although there may be minor errors or omission of a minor element of the message.

Band 2

Appropriate and full response. Quality of language is such that minor errors would cause no difficulties of comprehension.

Band 1

Appropriate and correct response. The task is accomplished fully and without significant error.

Spontaneity and fluency

Band 3

Ready responses; some evidence of an ability to sustain conversation.

Band 2

Answers without hesitation and extends responses beyond normal requirements. May sometimes take the initiative.

Band 1

Responds readily and shows some initiative. Language expressed fluently.

Range and complexity

Band 3

Some complex sentences with a wider range of vocabulary successfully attempted. Responses go beyond the basic requirements of the stimulus, using appropriate reference to past, present and future events.

Band 2

Wide range of vocabulary and structures used appropriately in complex responses, many of which show considerable independence of the stimulus.

Band 1
Wide-ranging vocabulary and structures appropriately used in complex and extended sentences.

Pronunciation and accuracy

Band 3
Errors of structure and/or pronunciation cause only occasional problems with communication. Some more complex sentences are accurately produced. Time frames are used appropriately but are not always well formed.

Band 2
Structures and pronunciation generally accurate, causing only very occasional problems with communication. There is accurate use of a variety of tenses.

Band 1
Only very minor errors in structure and pronunciation. Good accent and intonation. All messages fully communicated accurately, using a variety of tenses.

Role-plays

Describing a study visit

(Higher tier)

Situation

The notes and pictures below are an outline of one day during a study visit to Dinard last year.

Le matin

L'après-midi

Le soir

Plus tard

Impressions?

Specimen role-play

Candidate: Je me suis levé(e) à sept heures et demie. D'abord j'ai pris une douche puis je suis descendu(e) à la salle à manger où j'ai pris mon petit déjeuner avec mes camarades.

Examiner: Où étiez-vous logé(e)?
Candidate: Dans une école privée. C'étaient les vacances de Pâques.

Examiner: Continuez.
Candidate: Après le petit déjeuner nous sommes allés en ville où nous avons interviewé les clients d'un supermarché.

Examiner: Sur quoi?
Candidate: Nous faisions un sondage sur leurs achats. Ce qu'ils achetaient comme légumes, fruits, viande etc.

Examiner: Ensuite.
Candidate: A onze heures nous sommes rentrés à l'école où nous avons transcrit nos interviews. Après le déjeuner nous avons fait une excursion.

Examiner: Où êtes-vous allés?
Candidate: Nous avons visité un musée.

Examiner: Quelle sorte de musée?
Candidate: Là nous avons vu un tas de choses sur la deuxième guerre mondiale. C'était à Arromanches.

Examiner: Quel temps faisait-il?
Candidate: Il faisait beau.

Examiner: Qu'est-ce que vous avez fait le soir?
Candidate: Nous avons dîné dans un restaurant et après nous sommes allés au cinéma.

Examiner: Vous vous êtes couchés à quelle heure?
Candidate: A onze heures et demie.

🄴 *Range and complexity*
Some complex sentences are used, with a fairly wide range of vocabulary. Responses go beyond the basic requirements of the stimulus.

Accuracy
All messages are communicated in accurate French. A variety of tenses is used.

General
The candidate has responded reasonably well to the examiner's interventions. Sometimes the response to both the stimulus and the examiner is little more than adequate, however.

Booking a room in a hotel

(Foundation and higher tiers)

Situation

You have arrived at a hotel in France.

You have to:

- say what facilities you require (shower/bath?)
- ask about facilities in the hotel (restaurant/garage?)
- answer one question

Specimen role-play

Examiner: Puis-je vous aider?
Candidate: Je voudrais deux chambres de deux personnes avec salle de bain.

Examiner: Très bien. C'est tout?

Candidate: Je voudrais aussi savoir s'il y a un restaurant.

Examiner: Oui, Monsieur/Mademoiselle. Vous restez combien de nuits et désirez-vous le petit déjeuner?

Candidate: Oui, le petit déjeuner pour trois personnes. Nous resterons cinq nuits.

e The candidate has carried out the task fully and the language used is accurate.

Ordering a meal in a restaurant

(Higher and foundation tiers)

Situation

You have arrived at a restaurant in France. The teacher will play the part of the waiter/waitress and will start the conversation.

Specimen role-play

The teacher sets the scene in French:
'Vous êtes arrivé(e) à un restaurant en France.'

Teacher: Comment est-ce que je peux vous aider, Monsieur/Mademoiselle?

You: Say you would like a table for four.
(Je voudrais une table pour quatre personnes.)

Teacher: Très bien. Où voulez-vous vous asseoir? A l'intérieur ou à l'extérieur?

You: Say where you would like to sit.
(Nous voudrions nous asseoir à l'extérieur.)

Teacher: Voulez-vous commander votre repas tout de suite ou voulez-vous boire quelque chose?

You: Answer the waiter/waitress.
(Nous voudrions commander notre repas./Nous voudrions prendre d'abord un apéritif.)

Teacher: Voici le menu/la carte des vins. Alors qu'est-ce que je vous apporte?/ Qu'est-ce que je vous sers?

You:	Answer the question.
	(Voulez-vous nous apporter deux martinis, un jus d'orange et une bière?/...deux hors d'oeuvres, un oeuf mayonnaise et un potage?)
Teacher:	Et ensuite?
You:	Answer the question.
	(Deux soles meunière, une truite et une omelette aux champignons.)
Teacher:	Et comme légumes?
You:	Answer the question.
	(Des pommes frites et des petits pois.)
Teacher:	Très bien, Monsieur/Mademoiselle.

e This is longer than the typical role-play but it is of the kind that would be set for higher tier, with instructions to candidates to make up their responses to the teacher's/examiner's questions. Note that the answers given here in the model role-play are not the only ones that could be given. The answers you give, if they are different, could be equally appropriate.

Talking to a friend about leisure interests

(Higher and foundation tiers)

Situation

You are talking to a French friend about leisure interests. The teacher will take the part of the friend and will start the conversation.

Specimen role-play

The teacher sets the scene in French:
'Vous parlez des loisirs avec votre correspondant(e) français(e).'

Teacher:	Qu'est-ce que tu aimes faire comme loisirs?
You:	Say what leisure activities you like and ask your friend what s/he likes.
	(J'aime beaucoup les sports, surtout le tennis. J'aime aussi aller au cinéma. J'adore les films français. Et toi, qu'est-ce que tu aimes faire comme loisirs?)
Teacher:	J'aime beaucoup faire du sport, moi aussi. En particulier, j'aime la natation. Y a-t-il une piscine près de chez toi?

You: Answer the question and ask your friend whether s/he prefers to swim in the sea or in a swimming pool.

(Il y a une piscine dans le centre de sports à côté de mon école. Il y en a aussi une dans le jardin de nos voisins. Tu préfères nager dans la mer ou dans une piscine?)

Teacher: Je préfère nager dans la mer. Et toi?
You: Answer the question.

(Je préfère nager dans la piscine.)

Teacher: Pourquoi?
You: Answer the question.

(Parce que la mer est froide et elle est souvent sale. L'eau de la piscine est bonne et d'habitude elle n'est pas sale.)

As for the preceding role-play, answers other than those given might equally apply here.

At the chemist's

(Higher and foundation tiers)

Situation

You have gone to a chemist's in France because you have a headache and stomach ache. The teacher takes the part of the chemist and starts the conversation.

Specimen role-play

The teacher outlines the situation in French:
'Vous êtes arrivé(e) à une pharmacie en France.'

Teacher: Bonjour, Monsieur/Mademoiselle. Je peux vous aider?
You: Say you do not feel well.

(Je ne me sens pas bien.)

Teacher: Où avez-vous mal?
You: Answer the question.

(J'ai mal à la tête et j'ai mal au ventre.)

Teacher: Qu'avez-vous mangé et bu hier soir?

You: *Answer the question.*

(J'ai mangé des moules hier soir. J'ai bu un verre de vin blanc.)

Teacher: Quelle est votre nationalité et depuis quand êtes-vous en France?

You: *Answer the question.*

(Je suis britannique et je suis en France depuis trois jours.)

Teacher: Prenez une de ces pilules quatre fois par jour. Si vous êtes toujours malade dans deux jours allez consulter un médecin.

e Note that there is plenty of scope for alternative and/or additional responses in your replies to the teacher/examiner. You can take the opportunity to use the full range of your vocabulary in this area. This of course applies in all of these kinds of role-plays where you have a degree of choice in your answers.

Discussing holidays with a pen friend

(Higher and foundation tiers)

Situation

You are discussing holidays with your French friend.

- Pâques dernier
- Vacances d'été (deux détails)
- Activités
- !

Where you see this — ! — you will have to respond to something you have not prepared.

Your teacher will play the part of your friend and will speak first.

Specimen role-play

Teacher: Parle-moi un peu de Pâques dernier.

You: Je suis allé(e) avec ma famille au Portugal. Nous avons passé huit jours à Lisbonne. C'est une très belle ville. Nous sommes restés dans un petit hôtel au centre de la ville.

Teacher:	D'habitude où vas-tu en été?
You:	Je vais chez mes grands-parents qui ont une maison dans le Devon. C'est très proche de la mer.
Teacher:	Qu'est-ce que tu as fait l'année dernière?
You:	Ma soeur et moi, nous nous sommes baigné(e)s chaque jour dans la mer. Quelquefois nous faisions des excursions à la campagne.
Teacher:	Quelles sont tes impressions de tes vacances?
You:	Dans l'ensemble elles se sont très bien passées.
Teacher:	Pour quelles raisons?
You:	Alors je me suis fait de bons amis et nous nous sommes très bien amusés ensemble.

This type of role-play is similar to the previous three. The main difference is that here you can prepare more fully what you have to say in response to the examiner. There is, however, at least one response (marked '!') that you cannot prepare. Nevertheless, you can expect it to be closely related to the topic in question, in this case holidays. The answers given here are not the only ones you could give.

Discussing trips with your pen friend's parents

(Higher and foundation tiers)

Situation

You are talking to your pen friend's mother/father about trips you might go on while you are in France.

- Tes intérêts
- Excursions que tu as faites en Angleterre
- !
- Activités en Suisse

Where you see this — ! — you will have to respond to something that you have not prepared.

Your teacher will play the part of your pen friend's mother/father.

Specimen role-play

Teacher: Alors on doit organiser des excursions pendant que tu es en France. Quels sont tes intérêts?

You: Je m'intéresse à beaucoup de choses. J'aime visiter les musées. J'aime regarder les beaux tableaux. J'aime les montagnes.

Teacher: Tu as sans doute fait des excursions en Angleterre. Où es-tu allé(e)?

You: Je suis allé(e) aux musées à Londres. Nous avons visité les grands châteaux près de chez nous.

Teacher: Alors on a décidé d'aller en Suisse ce weekend. Qu'en penses-tu?

You: C'est très gentil. Je voudrais bien aller en Suisse. Je n'y ai jamais été.

Teacher: Qu'aimerais-tu faire?

You: Si c'est possible je voudrais bien faire du ski. Est-il possible de visiter Genève?

The examiner's/teacher's questions provide you, the candidate, with a lot of scope with regard to the answers you give. As in previous specimen role-plays, the answers given here should be used to guide you when you make up your own answers.

Presentations

What I think about the media

(Higher tier)

Topics/sub-topics covered

AQA The young person in society (social issues)
Edexcel Media, entertainment, youth culture (media, current affairs)
OCR The international world (media)

Specimen presentation

Mes idées concernant les médias

Je voudrais parler de la télévision et de la presse.

D'abord la télévision:
Je regarde la télévision environ 2 heures chaque soir. Le type d'émissions que je préfère

sont les feuilletons, les jeux et les actualités. J'aime les feuilletons parce qu'ils parlent d'un mode de vie que je ne connais pas. Quelquefois les histoires sont stupides mais elles sont tout de même amusantes. Les feuilletons m'aident à me détendre. On dit qu'il y a trop de violence à la télévision. Je ne suis pas sûr(e) si c'est vrai ou non. De toute façon il faut protéger les très jeunes contre la violence. Je pense que c'est le rôle des parents.

Maintenant les journaux:

Je lis et les tabloïds et les journaux sérieux comme le *Times*. Dans les tabloïds il y a souvent des histoires extraordinaires ou scandaleuses que je trouve marrantes. Je lis des journaux sérieux pour me tenir au courant de ce qui se passe dans mon pays et dans le monde. Et comme je m'intéresse à la politique j'obtiens une idée des opinions des différents partis politiques. Je lis aussi des magazines surtout ceux qui traitent des problèmes et des intérêts des jeunes de mon âge. Il y en a qui sont très intéressants et utiles et il y en a d'autres qui sont vraiment bêtes.

e The candidate has chosen a fairly ambitious topic and has presented it in a clear and balanced way. There is a variety of opinion and the candidate has presented the examiner with the opportunity to begin a worthwhile discussion. Range of language and accuracy are both good.

Some possible questions
Quels feuilletons aimes-tu regarder et pour quelles raisons?
(Which soaps do you like to watch and for what reasons?)

Donne des exemples d'actes de violence à la télévision.
(Give some examples of violent acts on television.)

Selon toi, est-il essentiel de lire les journaux et pourquoi?
(In your opinion, is it essential to read newspapers, and why?)

Quel type d'article de magazine trouves-tu intéressant?
(What kind of magazine topic do you find interesting?)

What I do to keep fit

(Higher tier)

Topics/sub-topics covered
AQA   Work and lifestyle (healthy living)
Edexcel Social activities, fitness, health (sports, exercise)
OCR   Everyday activities (health and fitness)

Specimen presentation

Ce que je fais pour me tenir en bonne forme physique

D'abord il faut dire que je trouve très important de se tenir en bonne forme physique. C'est nécessaire si on veut mener une vie saine.

Selon moi, ce qui est essentiel c'est de manger sainement et de prendre régulièrement de l'exercice.

Je mange beaucoup de fruits et de légumes et je bois beaucoup d'eau naturelle. J'évite toute nourriture qui fait grossir. Je mange du poisson et des fruits de mer. Je mange très rarement de la viande. J'adore le fromage et le beurre mais je sais qu'ils font grossir. Donc j'en mange très peu.

Quant à l'exercice je fais de l'aérobic trois ou quatre fois par semaine. Je fais de la natation quand je peux, c'est à dire, quand j'ai le temps. Je fais aussi du cyclisme.

L'année dernière j'ai passé les vacances d'été en Auvergne avec des amis. L'Auvergne est une des plus belles régions de France. Il y a de hautes collines, des rivières et des lacs. On a loué des vélos tout terrain. On a fait de belles randonnées. J'ai bien mangé et j'ai bien dormi. A la fin des vacances j'étais en pleine forme.

L'année prochaine j'irai en Norvège où je ferai du ski de fond. C'est un sport très populaire en Norvège.

 This is a straightforward account of the candidate's ways of keeping fit and healthy. Reference is made to past and future events although, as is appropriate here, most of the verbs are in the present tense. There is plenty of scope for further development.

Communication

There are no errors and the task the candidate has set him/herself is carried out well. It is lacking in detail but this is inevitable given the restrictions imposed. The examiner will ask the candidate questions to bring out further details and will explore the extent of the candidate's knowledge.

Range and complexity

Although this is, for the most part, a simple account, there are a number of complex sentences. Here are some examples:

C'est nécessaire si on veut mener une vie saine.
(It is necessary if you want to lead a healthy life.)

Selon moi, ce qui est essentiel c'est de manger sainement…
(In my opinion, what is important is to eat healthily…)

J'évite toute nourriture qui fait grossir.
(I avoid any fattening food.)

L'année prochaine j'irai en Norvège où je ferai du ski de fond.
(Next year I will go to Norway, where I will do some cross-country skiing.)

The candidate has used the topic vocabulary (health, fitness, sport) well. It is not overused to the detriment of the structures and tense usage.

Accuracy
The presentation is accurate and a variety of tenses is used.

Some possible questions
Selon vous, que veut dire 'mener une vie saine'?
(In your opinion, what does it mean to 'lead a healthy life'?)

Donnez d'autres exemples de 'nourriture qui fait grossir'.
(Give some other examples of 'food that makes you put on weight'.)

Où est-ce que vous faites de l'aérobic?
(Where do you do aerobics?)

Décrivez ce que vous faites comme cyclisme.
(Describe what type of cycling you do.)

Où êtes-vous resté(e)s en Auvergne?
(Where in Auvergne did you stay?)

Parlez-moi un peu du sport ski de fond.
(Tell me a bit about the sport of cross-country skiing.)

My ideal house

(Higher tier)

Topics/sub-topics covered

AQA   My world (home and local environment)
Edexcel House, home and daily routine (types of house, rooms, furniture and garden)
OCR   The world around us (environment)

Specimen presentation

Ma maison idéale
J'aime beaucoup lire les articles de journaux et de magazines et regarder les émissions de télé où on parle de belles maisons. J'aime regarder les photos et les images, surtout de l'intérieur des maisons. Tout est beau et propre. Mais bien sûr il faut être riche pour

habiter de telles maisons. Mais cela me donne des idées, ce qui m'a aidé(e) à créer, dans mon imagination, ma maison idéale.

Je vais parler d'abord de la situation de la maison de mes rêves. Ma maison idéale serait construite sur une colline. Elle serait entourée d'un grand parc planté avec de beaux arbres. Des fenêtres de ma maison je verrais une belle vallée avec une rivière.

Quant à la maison elle-même, elle ne serait pas très grande. Il n'y aurait que six chambres, chacune avec une grande salle de bain. Il y aurait un grand salon et une grande serre où il y aurait des plantes et des arbres fruitiers exotiques — orangers, citronniers, bananiers. Il y aurait une piscine couverte et un jacuzzi. Ma maison serait moderne avec beaucoup de fenêtres.

Est-ce que je posséderai une telle maison? Je ne sais pas. Mais pour essayer de réaliser mon rêve j'ai décidé de devenir architecte.

e This presentation is fluent and interesting. A good range of tenses has been used appropriately. There could have been more details about the house; perhaps the introduction could have been cut down to make room for these details. Nevertheless, the examiner is provided with ample scope to extract many more details regarding rooms, furniture, the positioning of rooms and so on. The examiner will also explore issues such as why you prefer to live in the country and general questions concerning the environment. The 'Some possible questions' section below should help you to prepare for this kind of questioning.

Communication
The task has been carried out well and the candidate has shown a certain amount of originality. The lack of details is not, in this case, a serious shortcoming. A list of rooms and furniture could have become rather tedious.

Range and complexity
The candidate has used a good range of vocabulary suitable to the task and has also used a range of structures successfully. Here are some examples:

Il faut être riche pour habiter de telles maisons.
(You have to (il faut = it is necessary) be rich to live in such houses.)

…ce qui m'a aidé(e) à créer…
(…which has helped me to create…)

Ma maison idéale serait construite…
(My ideal house would be built…)

…entourée d'un grand parc.
(…surrounded by a large park.)

Il n'y aurait que six chambres.
(There would be only six bedrooms.)

Mais pour essayer de réaliser mon rêve...
(But to try to realise my dream...)

Accuracy
All the verb tenses and agreements are correct.

Some possible questions
Décris une des maisons que tu as vues dans les magazines et les journaux dont tu parles.
(Describe one of the houses you have seen in the magazines and newspapers you talk about.)

Pour quelles raisons voudrais-tu faire construire une maison sur une colline?
(For what reasons would you like to have a house built on a hill?)

Tu as parlé de quelques-unes des pièces de la maison. Parle-moi des projets que tu as pour ta cuisine.
(You have spoken about some of the rooms in the house. Tell me about your plans for your kitchen.)

Tu as dit que tu voudrais avoir une grande salle de séjour. Qu'est-ce qu'il y aurait dans le salon?
(You said you wanted to have a large living room. What would there be in the living room?)

Pourquoi voudrais-tu une maison moderne?
(Why would you like to have a modern house?)

Quels sont les avantages et les inconvénients d'habiter une maison à la campagne?
(What are the advantages and disadvantages of living in a house in the country?)

General conversation

Edexcel

The topics available to candidates are the same for both the foundation and higher tiers. Although the candidates have a free choice for the first topic area, possible examples of topic choices are given below. The exact choice will depend upon the interests and language experience of the individual student.

At home and abroad
My best holiday ever
My school exchange
My area/town/village

My day trip to...
How I like to spend my holidays

Education, training and employment
My routine at school
My school
My work experience
My plans for the future

House, home and daily routine
My ideal home
My family
My friends
My routine at home
My favourite foods/restaurants

Media, entertainment and youth culture
My favourite sport
My views on fashion
Someone I admire
What I think about the media/popular entertainment

Social activities, fitness and health
My free time
What I do to keep fit
Sport and me
My hobbies

OCR

The conversation must cover two topics chosen from the following seven:

Home life	Your local area
School life	Careers, work and work experience
Self, family and friends	Holidays
Free time	

AQA

For each candidate, three topics will be specified for the teacher, of which at least two must be covered during the test.

Education and career	Leisure
Home and daily routine	Home and abroad
Self and others	Holidays and tourism

Specimen questions and answers

The questions below are the kind you will be asked by the examiner in the general conversation section of the speaking test. Suggested answers are also given here. In your revision you should adapt these answers so that they apply to you. Always try to extend your answers. In this way you can try out a lot more language, which you can use in the exam. You will then approach the exam with greater confidence.

In the case of the first set of questions and answers, on the topic 'Home life', there are detailed examiner's comments. These show how you could extend your answers. They also show you how you can vary your language, make it interesting and display your knowledge of vocabulary, grammar and more complex structures. If you follow this advice you will certainly do well in this part of the oral exam.

Home life

Q: A quelle heure te lèves-tu les jours de la semaine?

(What time do you get up on weekdays?)

A: D'habitude je me lève à sept heures et quart. Mais quelquefois quand on ne me réveille pas je me lève plus tard.

(Generally I get up at 7.15. But sometimes, when I am not woken up, I get up later.)

e You could give a short answer, such as 'A sept heures et quart'. The answer given contains the verb formations 'je me lève', 'on ne me réveille pas' and the adverbs 'd'habitude', 'quelquefois' and 'tard', as well as other examples of interesting language. Moreover, this answer provides the examiner with cues so that s/he can continue the conversation in a natural way.

Q: Alors qui te réveille le matin?

(So who wakes you up in the morning?)

A: Ça dépend du jour. Quand mon père quitte la maison de très bonne heure c'est ma mère. Mais d'habitude c'est mon père.

(It depends on the day. When my father leaves the house very early it is my mother. But usually it's my father.)

e A simple answer would have been 'Mon père/ma mère'. But the answer given is more interesting in terms of both content and language.

Q: Décris-moi ce que tu fais avant de quitter la maison pour l'école/le collège.

(Describe to me what you do before leaving home for school/college.)

A: Après avoir pris ma douche je m'habille et descends à la cuisine, où je prends le petit déjeuner. Ensuite je prends mes affaires, dis au revoir à mes parents et sors de la maison.

(After having a shower I get dressed and go down to the kitchen, where I have my breakfast. Then I get my things, say goodbye to my parents and leave the house.)

e This is a fairly conventional answer but it does contain a number of verbs and the structure 'après avoir' + past participle. There is also scope for follow-up by the examiner.

Q: Qu'est que tu prends au petit déjeuner?

(What do you have for breakfast?)

A: Je bois un jus d'orange et je mange du pain grillé avec du beurre et de la confiture. Je mange aussi des céréales, des cornflakes ou du muesli avec un peu de lait.

(I drink orange juice and eat some toast with butter and jam. I also eat cereals, cornflakes or muesli with a little milk.)

e Much of the appropriate vocabulary is used in this answer. In addition, the partitives 'du, de la, des' ('some') are displayed, as well as an expression of quantity: 'un peu de…' ('a little…').

Q: Qu'est-ce que tu fais quand tu rentres à la maison?

(What do you do when you return home?)

A: D'abord je prends un casse-croûte, d'habitude un sandwich et un jus de fruits. Puis, je monte à ma chambre où je fais mes devoirs. En faisant mes devoirs j'écoute de la musique. Je trouve que ça m'aide à me concentrer. On dîne en famille vers sept heures. Après le dîner, on regarde la télévision. Je sors rarement pendant la semaine, surtout pendant la période des examens.

(First of all I have a snack, generally a sandwich and a fruit juice. Then I go up to my room where I do my homework. While doing my homework I listen to music. I find that it helps me to concentrate. We eat as a family at about 7 o'clock. After dinner we watch television. I rarely go out during the week, especially while the exams are on.)

e This is a full answer to the question. A lot of verbs are used and there is some interesting vocabulary, e.g. 'casse-croûte' ('snack'), 'se concentrer' ('to concentrate'), 'rarement' ('rarely'), 'surtout' ('especially'). There are also two interesting constructions, i.e. present participle — 'en faisant mes devoirs' ('while doing my homework') — and 'aider à' before an infinitive — 'ça m'aide à me concentrer' ('that helps me to concentrate').

Q: Quelles tâches ménagères fais-tu?

(What household jobs do you do?)

A: Je range ma chambre bien sûr, c'est à dire, je fais mon lit et je passe l'aspirateur dans ma chambre. A part ça, je fais la vaisselle et quelquefois du repassage. De temps en temps je fais les courses. Comme j'aime faire la cuisine, au moins une fois par semaine, généralement le dimanche, je prépare le déjeuner.

(I tidy my room, of course, i.e. I make my bed and I vacuum my room. Apart from that, I do the washing-up and sometimes I do the ironing. Occasionally I do the shopping. As I like cooking, at least once a week, generally on a Sunday, I cook the dinner.)

e Several appropriate phrases have been used in this answer and the candidate has avoided producing a list by the use of phrases such as 'bien sûr' ('of course'), 'à part ça' ('apart from that'), 'de temps en temps' ('occasionally'), 'au moins une fois par semaine' ('at least once a week'). In this way the candidate has made the language varied and interesting. The examiner has scope to explore several ways of continuing the conversation. For example, the examiner could ask about the kinds of dishes the candidate likes to produce.

Q: Veux-tu me décrire ta maison?

(Could you describe your house?)

A: Ma maison n'est ni grande ni petite. Il y a quatre chambres, une salle de séjour, une cuisine et une salle de bain. Il y a aussi un garage. La maison est assez moderne: elle a dix ans. Elle est construite en briques rouges et le toit est noir. Ma chambre donne sur le jardin qui est assez grand. Quand je regarde par la fenêtre je vois des champs et une rivière au fond d'une vallée. La vue me plaît beaucoup.

(My house is neither big nor small. There are four bedrooms, a living room, a kitchen and a bathroom. There is also a garage. The house is quite modern: it is 10 years old. It is built of red bricks and the roof is black. My room looks out on the garden, which is quite big. When I look out of the window I can see fields and a river at the bottom of a valley. I like the view a lot.)

e This is a full answer which goes a little beyond the subject of the question, but it is not totally irrelevant. Furthermore, it provides the examiner with other subjects that s/he could pursue. The candidate has been able to display a good knowledge of vocabulary and structures, and the answer is varied.

Q: Décris ta chambre.

(Describe your room.)

A: Elle est assez grande. Il y a mon lit. Il y a aussi un bureau. Sur le bureau il y a mon ordinateur. Sur les murs il y a beaucucoup de photos que j'ai prises moi-même. Je m'intéresse beaucoup à la photographie. Chaque fois que je vais en vacances je prends un tas de photos de bâtiments et de paysages.

(It's quite big. There's my bed. There's also a desk where my PC is. On the walls there are a lot of photos which I took myself. I'm very interested in photography. Every time I go on holiday I take masses of photos of buildings and landscapes.)

e The candidate has said a little about his/her room but uses the opportunity to talk about his/her holiday. In this answer the candiate has displayed a knowledge about the past participle agreement with a direct object — in this case 'photos… que j'ai prises'. There is a confident use of verbs.

Topic 2
Shopping

The following specimen conversations cover other topics on which you might be questioned in the oral exam. They are model conversations, not a series of isolated questions and answers.

In the following conversation you will see that at one point the examiner asks the candidate to narrate an incident. This gives the candidate the opportunity to show that s/he can speak at length on a given topic. You can practise this skill yourself with the help of these questions and answers.

Examiner: Aimes-tu faire les courses?

Candidate: Ça dépend. Je n'aime pas passer des heures dans un grand supermarché, surtout quand il y a beaucoup de gens.

Examiner: Alors dans quel genre de magasin aimes-tu faire des courses?

Candidate: En général je préfère les petits magasins.

Examiner: Pourquoi?

Candidate: Je trouve que le service est personnel. Par exemple si on veut acheter une paire de chaussures il est important de prendre son temps et de demander des conseils. Dans un grand magasin il y a moins de personnel et souvent il est difficile de trouver quelqu'un qui peut t'aider si tu as des problèmes.

Examiner: Tu as acheté quelque chose récemment?

Candidate: Oui, samedi dernier j'ai acheté des baskets.

Examiner: Raconte ce qui s'est passé.

Candidate: Je suis allé(e) à un grand magasin dans notre ville. J'ai pris l'ascenseur au deuxième étage. Au rayon des chaussures il y avait beaucoup de personnes parce qu'il y avait les soldes. J'ai cherché quelqu'un qui pourrait me renseigner. Je n'ai trouvé personne. Enfin j'ai cherché des baskets et j'ai trouvé la couleur qui me plaisait. J'ai pris les baskets, me suis assis(e) sur une chaise et j'étais sur le point de les mettre quand une serveuse s'est approchée de moi et m'a demandé(e) si je voulais de l'aide. J'ai dit 'oui' et elle m'a dit d'essayer les baskets. J'ai trouvé qu'ils étaient un peu trop

petits. La serveuse a dit qu'il n'y avait pas d'autres baskets de cette pointure et est partie servir un(e) autre client(e). Je suis sorti(e) du magasin et suis allé(e) acheter des baskets dans un petit magasin où le service est impeccable. J'ai payé un peu plus cher mais j'ai les baskets qui me plaisent.

Examiner: Est-ce que tu aimes faire des courses pendant que tu es en vacances?

Candidate: J'aime acheter des cadeaux et des souvenirs du pays quand je suis à l'étranger. J'aime acheter quelque chose qui est typique du pays.

Holidays

In the following topics there are often several possible answers, one of which should fit your circumstances. You can, of course, link them in a conversation in any order.

Examiner: Où aimes-tu passer les vacances?

Candidate: J'aime passer les vacances en France/à l'étranger/à la plage/à la campagne/en Ecosse/à la montagne.

Examiner: Si tu vas à la plage qu'est-ce que tu aimes faire?

Candidate: J'aime nager dans la mer/faire des bains de soleil/faire de la planche à voile.

Examiner: Tu m'as dit que l'année dernière tu es allé(e) en Bretagne. Raconte-moi ce que tu as fait.

Candidate: Je suis allé(e) avec mes parents. On a fait du camping. Les terrains de camping en France sont très bons. Ils sont propres et on peut y trouver tout ce dont on a besoin, douches, piscine, magasin. L'un des campings où nous sommes restés se trouvait dans une forêt à côté d'une rivière. On a fait du canoë. J'ai trouvé ce sport très intéressant. Un autre camping se trouvait près d'une plage. Nous avons passé trois semaines en Bretagne et nous avons vu une grande partie de la région.

Examiner: Si tu avais beaucoup d'argent où irais-tu en vacances?

Candidate: Si j'avais beaucoup d'argent j'irais en Australie/en Californie etc.

Examiner: Tu es parti(e) en vacances en groupe scolaire? Décris ta visite.

Candidate: Nous sommes partis de très bonne heure le matin. Nous sommes allés en car. Nous avons pris le ferry à Southampton pour Cherbourg. Là nous sommes montés dans notre car et en deux heures nous sommes arrivés à notre destination, un collège privé. Pendant notre visite nous avons rencontré des jeunes Français et nous avons pu pratiquer notre français. Nous avons fait beaucoup d'excursions. J'ai trouvé très intéressante notre visite au Mont St Michel. Pendant notre visite nous avons très bien mangé au collège. Dans l'ensemble nous nous sommes très bien amusés.

Examiner: Où iras-tu en vacances cet été?

Candidate: J'espère aller en Italie. J'irai à Rome où je verrai tous les monuments célèbres comme le Colisée et le Vatican.

Leisure and entertainment

Examiner: Qu'est-ce que tu aimes faire le weekend?

Candidate: J'aime sortir avec mes copains/aller au cinéma/jouer au foot/faire du sport.

Examiner: Quel type de film aimes-tu?

Candidate: J'aime les films américains/les films d'aventure/les films science-fiction.

Examiner: Que fais-tu quand tu sors avec tes copains?

Candidate: On va en centre-ville. Quequefois on va à une boîte de nuit, quelquefois on va au cinéma.

Examiner: Tu aimes regarder la télé?

Candidate: Je trouve que la plupart des émissions sont ennuyeuses. Il y a des feuilletons que je regarde et quelquefois je regarde des matchs de foot à la télé. Mais moi je suis sportif/sportive. Je préfère pratiquer les sports.

Examiner: Qu'est-ce que tu feras quand tu auras fini tes examens?

Candidate: Quand j'aurai fini mes examens je travaillerai dans un supermarché. Je voudrais gagner un peu d'argent pour payer mes vacances. J'irai aux Etats-Unis avec mon copain. Nous ferons le tour des états du nord-est.

Examiner: Quels sont tes passetemps préférés?

Candidate: J'aime beaucoup la musique. Je joue du piano./J'aime le sport. J'adore jouer au tennis./J'aime la lecture. Je préfère les livres de science-fiction.

School, college and future plans

Examiner: Tu étudies quelles matières?

Candidate: J'étudie le français, les mathématiques, l'histoire, la physique et la géographie.

Examiner: Décris ton école/ton collège. Par exemple, il y a combien d'élèves/de professeurs?

Candidate: Mon école est assez grande. Il y a à peu près 800 élèves et 60 professeurs. Elle se trouve dans les banlieues d'une grande ville. Il y a un grand terrain de sports. On peut pratiquer plusieurs sports. Il y a aussi une grande piscine.

Examiner: A quelle heure commencent et finissent les cours?

Candidate: Les cours commencent à 9 heures moins le quart et finissent à 3 heures et demie.

Examiner: Qu'est-ce que tu vas faire quand tu auras fini tes études à l'école/au collège?

Candidate: Quand j'aurai fini mes études au collège je voudrais aller à l'université/je trouverai un travail intéressant.

Examiner: Depuis combien de temps étudies-tu le français?

Candidate: J'étudie le français depuis cinq ans.

Examiner: Décris une journée intéressante que tu as passée à l'école/au collège.

Candidate: Il y a un mois j'ai dû accompagner un groupe d'élèves français avec leur professeur dans un tour du collège/de l'école. C'était intéressant parce que j'ai pratiqué mon français et aussi parce que j'ai assisté à des cours comme si j'étais aussi un visiteur. Les Français sont arrivés à 10 heures et demie. D'abord je les ai accompagnés à des cours. Ensuite on a déjeuné avec le directeur de l'école. L'après-midi on est allé à la piscine. A 4 heures les Français sont partis. L'un des garçons m'a invité(e) chez lui en Normandie.

Examiner: Quel type de travail voudrais-tu faire?

Candidate: Je voudrais travailler à l'étranger/travailler dans un bureau/travailler en plein air.

Examiner: Pourquoi voudrais-tu travailler à l'étranger?

Candidate: D'abord je voudrais pratiquer mes langues. Puis je voudrais voyager. Je pense aussi qu'il serait plus intéressant de travailler à l'étranger.

Local area

Examiner: Comment s'appelle ta ville?

Candidate: Ma ville s'appelle X.

Examiner: Décris le centre de la ville.

Candidate: Il y a une rue principale où on trouve beaucoup de magasins, des restaurants et un petit cinéma. Il y a aussi une grande église. Près du centre il y a un grand supermarché et un centre de sports avec une grande piscine. Mon collège se trouve aussi près du centre de la ville.

Examiner: Il y a un monument intéressant dans ta ville?

Candidate: Il y a un château qui date du quatorzième siècle. Il a été bien restauré. On peut voir les meubles de la période. Dans la cuisine du château de temps en temps on prépare des repas de la période. Alors on peut assister à des banquets dans la grande salle du château. Il y a beaucoup de touristes en été.

Examiner: Où voudrais-tu habiter si tu avais le choix et pourquoi?

Candidate: Si j'avais le choix je voudrais habiter en Italie. Les raisons de mon choix sont premièrement parce que j'aime le climat. Il fait du soleil et fait chaud en été. Deuxièmement j'adore la cuisine italienne. Troisièmement le mode de vie me plaît beaucoup. On n'est jamais trop pressé. Je ne voudrais pas habiter dans le midi mais plutôt dans une ville du nord comme Milan. Finalement il y a beaucoup de choses intéressantes à voir.

Examiner: A ton avis ta ville est intéressante ou ennuyeuse?

Candidate: Si on a de bons copains et si on peut toujours trouver des choses à faire, notre ville est intéressante. Mais pour beaucoup de personnes elle est ennuyeuse. Il y a un club où les jeunes peuvent se réunir et il y a beaucoup de possibilités de pratiquer plusieurs sports. Il y a par exemple une grande piscine et un gymnase où on peut faire de l'escrime, du judo, du karaté et beaucoup d'autres sports.

Topic 7

Daily routine

Examiner: As-tu un petit job?

Candidate: Oui, le weekend je travaille dans un petit supermarché.

Examiner: Comment vas-tu au travail?

Candidate: J'y vais en bus/à vélo/à pied.

Examiner: Tu commences et finis à quelle heure?

Candidate: Je commence mon travail à huit heures et demie et je finis à cinq heures.

Examiner: Où est-ce que tu déjeunes?

Candidate: Je prends des sandwiches. Je les mange dans une salle réservée au personnel.

Examiner: Tu arrives toujours au travail à l'heure?

Candidate: D'habitude, oui. Quelquefois quand il y a beaucoup de circulation j'arrive un peu en retard.

Examiner: Qu'est-ce qui se passe si tu arrives en retard?

Candidate: S'il y a une bonne raison, rien. Si c'est de ma faute, si par exemple je me lève tard, on me gronde et si je le fais régulièrement, je risque de perdre mon travail.

Examiner: As-tu fait un stage professionnel?

Candidate: Oui, j'ai fait un stage de deux semaines dans une école primaire/un bureau/un garage/une petite fabrique/une école maternelle.

Examiner: Tu l'as trouvé profitable?

Candidate: Comme je voudrais être instituteur/institutrice j'ai trouvé le temps que j'ai passé dans une école primaire très profitable. J'ai travaillé avec les plus petits. Je leur lisais des histoires et je leur apprenais à chanter des chansons.

Examiner: Qu'as-tu fait ce matin?

Candidate: Je suis parti(e) de la maison à 8 heures. J'ai pris le bus à 8 heures et quart et je suis arrivé(e) à l'école/au collège à 9 heures moins 25. A 9 heures j'ai eu géographie et puis maths. Pendant la récréation j'ai révisé mon français et puis c'était l'oral.

Examiner: Que feras-tu ce soir après le collège?

Candidate: Je quitterai le collège à 4 heures et je rentrerai à la maison vers 4 heures et demie. Après avoir goûté, je monterai à ma chambre où je ferai des révisions jusqu'à l'heure du dîner à 6 heures et demie. Après avoir mangé, je ferai encore des révisions. Après cela, si j'ai le temps, je regarderai la télé pendant une heure. A 10 heures je me coucherai.

Rubrics

In order to complete the tasks set satisfactorily you must be able to understand the instructions, or rubrics, printed on the exam paper. Here are examples of most of the instructions you will meet, accompanied by their English meanings. Make sure you have a clear understanding of them, as the mark you achieve could easily depend on this.

General instructions

qu'est-ce que/où/qui? (*what/where/who?*), e.g. Qu'est-ce que vous pensez de ce film? (*What do you think of this film?*)/Où vas-tu? (*Where are you going?*)

voici (*here is/here are*)

les questions/phrases suivantes (*the following questions/sentences*)

elle parle/écrit de... (*she is speaking/writing about...*), e.g. Elle parle des vacances. (*She is speaking about the holidays.*)

lisez (*read*)

regardez (*look at*)

écrivez (*write*)

copiez (*copy*)

cochez (*tick*)

encerclez (*ring*)

choisissez (*choose*)

faites correspondre (*match up*), e.g. Faites correspondre les dessins et les phrases. (*Match up the drawings and sentences.*)

répondez (*answer*)

remplissez (*fill in*)

complétez (*complete*)

en anglais (*in English*)

en français (*in French*)

en chiffres (*in numbers, figures*)

dans la liste (*in the list*)

vrai ou faux (*true or false*)

pas mentionné (*not mentioned*)

un exemple (*an example*)

pour chaque personne/phrase (*for each person/sentence*)

regardez les notes/la grille/les dessins (*look at the notes/grid/drawings*)

répondez aux questions (*answer the questions*)

remplissez les blancs (*fill in the blanks*)

remplissez les détails (*fill in the details*)

complétez le tableau (*fill in the table*)

cherchez/trouvez les mots (*look for/find the words*)

cochez les bonnes cases (*tick the correct boxes*)

écrivez la lettre qui correspond (*write the corresponding letter*)

vous n'aurez pas besoin de toutes les lettres (*you will not need all the letters*)

Instructions in the listening tests

vous allez entendre... (*you are going to hear...*)

qui parle de... (*who/which is speaking about...*)

écoutez (*listen*)

une conversation/un dialogue (*a conversation/a dialogue*)

une émission (*a broadcast*)

Instructions involving listening and reading

un message/une conversation (*a message/a conversation*)

un extrait/des annonces (*an extract/adverts*)

un magazine/un texte/un e-mail (*a magazine/a text/an e-mail*)

Instructions in the writing tests

écrivez (*write*)

vous envoyez... (*you are sending...*)

une liste/une lettre/une carte postale/un article/un reportage/une description (*a list/a letter/a postcard/an article/a report/a description*)

décrivez (*describe*)

demandez (*ask*)

dites-lui (*tell him/her*)

expliquez (*explain*)

posez une question (*ask a question*)

donnez vos impressions (*give your impressions*)

donnez votre opinion et dites pourquoi (*give your opinion and reasons/say why*)

écrivez des phrases complètes (*write in full sentences*)

écrivez environ 100 mots (*write about 100 words*)

mentionnez (*mention*)

donnez les détails suivants (*give the following details*)

racontez (*tell/relate*)

vous devez vous renseigner sur... (*you must find out about...*)

écrivez le mot dans le blanc (*write the word in the blank space*)

vous devez donner/demander... (*you must give/ask for...*)